NADIA SAWCZENKO
JAROSŁAW JUNKO

# UKRAINA, MOJA MIŁOŚĆ

NADIA SAWCZENKO
JAROSŁAW JUNKO

# UKRAINA, MOJA MIŁOŚĆ

EDIPRESSE
KSIĄŻKI

#FreeSa

Ukraińcy ruszyli na ulicę w geście poparcia
dla więzionej przez Putina lotniczki.
(6.03.2016)

OD AUTORA ........ strona 9

## CZĘŚĆ I

GRANAT ........ strona 27
PAPIEROSY I POLITYKA ........ strona 35
PORWANIE ........ strona 53
ROSJA ........ strona 73
POWRÓT DO ROSTOWA I PROCES SĄDOWY ........ strona 113

## CZĘŚĆ II

SPOTKANIE PRZY ŚLEDZIU ........ strona 125
PROCES I WOLNOŚĆ ........ strona 133
POWRÓT DO DOMU ........ strona 165

# OD AUTORA

Nadia Sawczenko. Lotniczka wojskowa, porucznik Sił Zbrojnych Ukrainy i uczestniczka walk przeciwko separatystom prorosyjskim na wschodzie swojego kraju. Jako 33-latka ujęta przez separatystów w czerwcu 2014 roku została uprowadzona do Rosji, gdzie po prawie dwóch latach więzienia usłyszała wyrok dwudziestu dwóch lat pozbawienia wolności. Do ojczyzny wróciła w maju 2016 roku wymieniona na dwóch żołnierzy rosyjskiego wywiadu wojskowego GRU.

Uwielbiana za niezłomną postawę podczas procesu sądowego w Rosji, na Ukrainie witana była jak bohaterka narodowa. Nazywana od imienia Nadija Nadzieją Ukrainy, od razu po wyjściu z więzienia rzuciła się w wir polityki, stając się po kilku miesiącach jej utrapieniem.

Po opuszczeniu Rosji zapowiedziała, że jej głównym zadaniem będzie uwolnienie innych Ukraińców, którzy przetrzymywani są przez reżim prezydenta Rosji Władimira Putina. Walcząc o to, nie obawiała się spotkań z ludźmi, którzy ją samą uczynili zakładniczką. Po rozmowach z przywódcami samozwańczych republik na wschodzie Ukrainy, do których doszło w Mińsku na Białorusi, a następnie po wizycie, którą złożyła w zajętym przez separatystów Doniecku, wielu uważa ją dziś za agentkę Kremla.

Droga Nadii Sawczenko do rosyjskiej niewoli wprowadziła ją na salony polityczne. Jeszcze w więzieniu została deputowaną do ukraińskiego parlamentu z ramienia partii Batkiwszczyna (Ojczyzna) byłej premier Julii Tymoszenko. Była numerem jeden na jej listach w przedterminowych wyborach parlamentarnych w październiku 2014 roku.

Wcześniej jednak na Ukrainie rozegrały się wydarzenia, znane jako Rewolucja Godności. Były to protesty na głównym placu Kijowa, Majdanie Niepodległości, które wybuchły w listopadzie 2013 roku, gdy ówczesne prorosyjskie władze zrezygnowały z podpisania umowy stowarzyszeniowej z Unią Europejską.

Zawiedzeni tym Ukraińcy wyszli na ulice i pozostali na nich do końca lutego 2014 roku. Hasła zbliżenia z Zachodem, które głosili na początku protestów, z czasem przerodziły się w żądania całkowitej zmiany władz. Pokojowe akcje zakończyły się krwawymi starciami z milicją, w wyniku których życie straciło około stu osób. Większość z nich zabito z broni palnej. Zleceniodawcy i wykonawcy zabójstw demonstrantów nie zostali dotychczas ukarani. Milicjanci z oddziałów specjalnych Berkut, którzy oskarżeni są o morderstwa, zbiegli do Rosji.

W wyniku protestów na Majdanie Niepodległości Ukraińcy obalili ówczesnego prezydenta Wiktora Janukowycza. W lutym 2014 roku zbiegł on z kraju i do dziś ukrywa się w Rosji.

Nadia Sawczenko była na Majdanie i uczestniczyła w protestach jako urlopowany oficer ukraińskiej armii; pełniła wówczas służbę w brygadzie lotnictwa wojskowego w Brodach w obwodzie lwowskim.

„Jako oficer składałam przysięgę na wierność swojemu narodowi. Przysięgałam bronić niepodległości Ukrainy i wolności swojego narodu. Kiedy widzę, że władza nęka swój naród, albo napada na niego wróg, moim obowiązkiem jest być z narodem" - tłumaczyła swój udział w Rewolucji Godności.

Prozachodni zryw Ukraińców na Majdanie i ucieczka Janukowycza nie przyniosły im spokoju ani wytchnienia. W lutym 2014 roku zaktywizowały się siły prorosyjskie na należącym do Ukrainy Krymie. Półwysep ten jest bazą rosyjskiej Floty Czarnomorskiej. W Symferopolu, stolicy Autonomicznej Republiki Krymu, pojawiły się wtedy tak zwane „zielone ludziki", umundurowani i uzbrojeni ludzie, którzy zajęli najpierw siedzibę parlamentu autonomii, a potem zablokowali ukraińskie jednostki wojskowe w tym regionie. Władze w Kijowie były nieprzygotowane na taki rozwój wydarzeń. Zaniedbywana przez lata armia nie stawiała oporu. W marcu 2014 roku Rosjanie przeprowadzili na Krymie referendum na temat przyłączenia go do Federacji Rosyjskiej. Za takim rozwiązaniem opowiedziało się według oficjalnych wyników 96,77 proc. uczestników plebiscytu. Półwysep został wcielony w skład Rosji.

W kwietniu 2014 roku siły prorosyjskie zaczynają zajmować budynki rządowe w ukraińskim zagłębiu węglowym Donbas na wschodzie kraju. Wspomagani przez Rosję bronią i ludźmi separatyści ogłaszają powstanie dwóch samozwańczych republik: Donieckiej Republiki Ludowej i Ługańskiej Republiki Ludowej. Kijów ogłasza początek „operacji antyterrorystycznej" przeciwko separatystom z użyciem armii.

Nadia Sawczenko ponownie bierze urlop ze swojej jednostki wojskowej i jedzie do Donbasu, by walczyć tam w szeregach ochotniczego batalionu Ajdar. W czerwcu 2014 roku trafia w ręce separatystów, którzy przekazują ją Rosjanom. W lipcu jest już w Rosji. Trafia do aresztu śledczego w Woroneżu, odległego o około pięćset kilometrów na południe od Moskwy.

9 lipca 2014 roku rosyjski Komitet Śledczy oskarża Sawczenko o współudział w zabiciu pod Ługańskiem na Ukrainie dwóch członków ekipy rosyjskiej telewizji

państwowej WGTRK, dziennikarzy Igora Korneluka i Antona Wołoszyna. Rosyjscy śledczy twierdzą, że Nadia jako nawigatorka śmigłowca Mi-24 „w czasie działań wojennych w rejonie Ługańska" przekazała ukraińskim „bojownikom współrzędne położenia grupy rosyjskich dziennikarzy WGTRK i innych cywilów", którzy zostali następnie ostrzelani.

We wrześniu 2014 roku Sawczenko zostaje przewieziona z Woroneża do Moskwy. Trafia tam na obserwację psychiatryczną. Miesiąc później broniąca praw człowieka rosyjska organizacja pozarządowa Memoriał uznaje ją za więźnia politycznego.

W końcu 2014 roku Nadia ogłasza pierwszą głodówkę. Prowadzi ją przez ponad osiemdziesiąt dni.

W tym samym czasie władze Ukrainy zabiegają o jej uwolnienie. Prezydent Petro Poroszenko podnosi ten temat między innymi podczas rozmów z przywódcami Niemiec, Francji i Rosji w Mińsku na Białorusi. W lutym 2015 roku Poroszenko ogłasza, że uzgodnili oni uwolnienie wszystkich jeńców, przetrzymywanych przez strony konfliktu na Ukrainie i mówi, że jest wśród nich także Sawczenko. Rosja niczego takiego nie obiecywała - odpowiada na to rzecznik Kremla Dmitrij Pieskow.

W lipcu 2015 roku Sawczenko transportowana jest z Moskwy do Nowoczerkaska w obwodzie rostowskim na południu Rosji. Jej proces rozpoczyna się 30 lipca w rosyjskim mieście Donieck i natychmiast zostaje odroczony. Sąd w jej sprawie zasiada bez udziału mediów i publiczności. Do sądu przybywają obserwatorzy międzynarodowi - dyplomaci z Ukrainy, Stanów Zjednoczonych i Unii Europejskiej - nie zostają jednak wpuszczeni na rozprawę.

Nadia zostaje oskarżona o „współsprawstwo w zabójstwie dwóch i więcej osób, motywowanym nienawiścią do grupy społecznej i popełnionym przez grupę osób po uprzedniej zmowie". Rosyjski Komitet Śledczy zarzuca jej również usiłowanie zabójstwa osób cywilnych, które mogły ucierpieć w wyniku ostrzału artyleryjskiego. Kolejny zarzut, który słyszy, to nielegalne przekroczenie granicy między Ukrainą i Rosją.

Pod koniec 2015 roku Sawczenko ponownie ogłasza głodówkę i oświadcza, że będzie prowadziła ją do końca swego procesu. W marcu 2016 roku rosyjska prokuratura żąda dla niej kary dwudziestu trzech lat kolonii karnej.

Obrońcy mówią tymczasem, że Nadia oskarżana jest bezpodstawnie, gdyż w czasie, w którym doszło do zabicia dwóch rosyjskich dziennikarzy, znajdowała się ona w niewoli. Adwokaci przedstawiają dane z jej telefonów komórkowych oraz datę na nagraniu wideo, zapisanym tuż po jej ujęciu.

Siostra Nadii, Wira, publikuje ostatnie słowo, które miała zamiar wygłosić w sądzie. Sawczenko oświadcza, że nie uzna wyroku rosyjskiego sądu i nie ma zamiaru składać żadnych odwołań. „Absurdalna jest sytuacja, kiedy ci, którzy porywają ludzi, poddają ich torturom, potem jeszcze udają, że mają prawo ich sądzić" - napisała oskarżona.

W marcu 2016 roku na Ukrainie odbywają się protesty, których uczestnicy domagają się uwolnienia Nadii. W Kijowie atakują oni rosyjską ambasadę, którą obrzucają jajkami, farbą i kamieniami.

O uwolnienie Sawczenko apelują znani światowi intelektualiści, Unia Europejska i Stany Zjednoczone. Nawołuje do tego także między innymi Polska.

Wyrok w jej sprawie zapada 22 marca 2016 roku. Sąd w rosyjskim Doniecku uznaje ją za winną śmierci dwóch dziennikarzy i skazuje na dwadzieścia dwa lata pozbawienia wolności.

25 maja 2016 roku Nadia Sawczenko odzyskuje wolność. Zostaje wymieniona na dwóch ujętych, a następnie

skazanych na Ukrainie żołnierzy elitarnego rosyjskiego wywiadu wojskowego GRU, Jewgienija Jerofiejewa i Aleksandra Aleksandrowa. Prezydent Putin oświadcza, że podpisał akt ułaskawienia Ukrainki. Wyjaśnia, że uczynił tak z powodów humanitarnych.

„Ja nie wiem, w jakim celu Kreml mnie wypuścił. Nie, nie wypuścił mnie, lecz oddał. Najpierw mnie ukradli, a teraz zwrócili. Jeśli jednak myślą, że zaszkodzę swojemu krajowi, to głęboko się mylą. Wszystko, co będę robić, to jedynie szkodzić Rosji. Nie mam nic przeciwko narodowi rosyjskiemu. Jest tam wielu dobrych ludzi i jestem im bardzo wdzięczna za wsparcie. Rosjanie też potrzebują wolności, wolności od swojej władzy. Dlatego będę robiła wszystko, by zaszkodzić Kremlowi" - wyjaśniała Nadia w wywiadzie, który przeprowadziłem z nią dla Polskiej Agencji Prasowej niedługo po powrocie na Ukrainę.

Pytałem ją w nim, jaki ma stosunek do prezydenta Putina. Jej odpowiedź była krótka: „Niech się w końcu odczepi od Ukrainy. Nie znam go, nie wiem, jakim jest człowiekiem. Z wyglądu mi się nie podoba, a to, jaki jest wewnątrz, można osądzić po jego działaniach. Jest zakłamanym dyktatorem, człowiekiem, który uważa, że wolno mu wszystko. Chcę, żeby odczepił się od Ukrainy. Putin bardzo chce pokazać, że Rosja jest silna, ale nikt nie mówi, że ona jest słaba. Dlaczego ktoś musi być silniejszy? Nie można być po prostu równym, mieć z sąsiadami zwykłe, partnerskie stosunki?" - mówiła.

Nadia często powtarza w wywiadach, że nie wie, w jakim celu została porwana przez Rosjan i czemu miał służyć jej proces. Komentatorzy uważają, że była im potrzebna, by przedstawić rozpętaną przez nich wojnę w Donbasie jako przeciwdziałanie „faszystom" z Ukrainy i walkę z „banderowską juntą", prześladującą rosyjskojęzyczną ludność w tym kraju.

Sawczenko okazała się jednak twardym orzechem do zgryzienia. Jej bezkompromisowość podczas procesu sądowego wywoływała w Rosji lęk. Jej zdecydowanie i głodówki prowadzone w więzieniu sprawiły, że zaczęła być dla Kremla problemem. Należało się go pozbyć.

W grudniu 2016 roku opiniotwórczy tygodnik kijowski „Dzerkało Tyżnia" uznał uwolnienie Nadii Sawczenko za jedno z najważniejszych wydarzeń mijających wówczas dwunastu miesięcy.

„25 maja, po 706 dniach bezprawnego więzienia w Rosji, ukraińska lotniczka i deputowana Nadija Sawczenko powróciła na Ukrainę. Tuż po uwolnieniu z rosyjskiego więzienia gotowych było na nią głosować (w wyborach prezydenckich) 10 procent Ukraińców. Obecnie jej ranking zbliża się do zera. Jednocześnie wypowiedzi Sawczenko wywoływały burzliwe reakcje w ukraińskim społeczeństwie w wyniku faktycznego popierania przez nią oficjalnej pozycji Kremla wobec konfliktu na wschodzie Ukrainy" - oceniał tygodnik.

Po spotkaniach z przywódcami separatystów na Białorusi partia Batkiwszczyna ogłosiła, że usuwa Nadię ze swoich szeregów. Sawczenko została także wykluczona z ukraińskiej delegacji do Zgromadzenia Parlamentarnego Rady Europy. Wykluczono ją również z parlamentarnej komisji do spraw bezpieczeństwa i obrony.

Sawczenko wyraźnie nie pasuje do parlamentu. Trudno być lubianym, jeśli z trybuny parlamentarnej nazywa się innych posłów baranami.

W jednym z wywiadów Nadia wyraziła opinię, że dla przeprowadzenia gruntownych zmian na Ukrainie potrzebna jest dyktatura. Mówiła także, że może zostać prezydentem. „Chyba muszę nim zostać" - oświadczyła.

Po uwolnieniu Sawczenko ówczesny wiceprezydent Stanów Zjednoczonych Joe Biden pisał na Twitterze: „Twoja siła jest przykładem dla Ukraińców i dla świata". Ukraińcy dość szybko o tym zapomnieli, lecz Nadia sama poważnie się do tego przyczyniła. Jej żywot w roli bohatera narodowego trwał krótko. W społeczeństwie, które funkcjonuje w warunkach wojny, nie można się chyba temu dziwić.

Swoje główne zadanie Nadia Sawczenko jednak wykonała. W czasie, gdy na wschodzie jej kraju ginęli żołnierze, swoim zachowaniem w rosyjskim sądzie podnosiła ducha Ukraińców. Udowadniała, że jest wolnym człowiekiem i pokazywała, że gotowa jest walczyć o tę wolność do końca. Odzyskała ją i wróciła do domu. Teraz chce ten dom uporządkować i robi to na swój sposób. To, czy będzie zapamiętana jako bohaterka, czy też sprawi, że zostanie zapomniana, zależy już tylko od niej samej.

Oskarżona o zabójstwo rosyjskich reporterów Nadia Sawczenko
podczas rozprawy apelacyjnej w moskiewskim sądzie.
(11.07.2014)

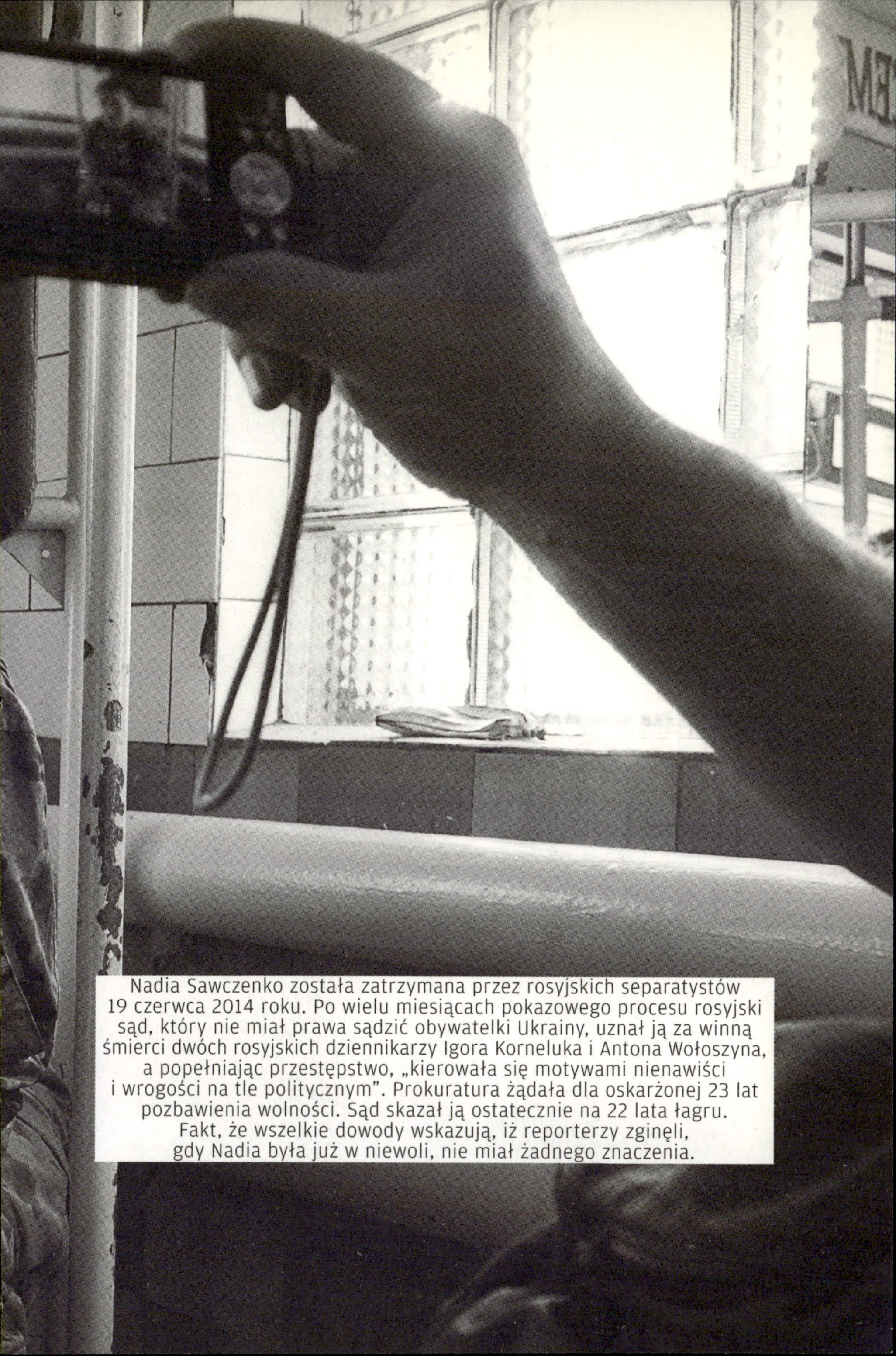

Nadia Sawczenko została zatrzymana przez rosyjskich separatystów 19 czerwca 2014 roku. Po wielu miesiącach pokazowego procesu rosyjski sąd, który nie miał prawa sądzić obywatelki Ukrainy, uznał ją za winną śmierci dwóch rosyjskich dziennikarzy Igora Korneluka i Antona Wołoszyna, a popełniając przestępstwo, „kierowała się motywami nienawiści i wrogości na tle politycznym". Prokuratura żądała dla oskarżonej 23 lat pozbawienia wolności. Sąd skazał ją ostatecznie na 22 lata łagru. Fakt, że wszelkie dowody wskazują, iż reporterzy zginęli, gdy Nadia była już w niewoli, nie miał żadnego znaczenia.

# CZĘŚĆ I

# GRANAT

27

UKRAINA MOJA MIŁOŚĆ

Trudno skupić całkowitą uwagę na rozmówcy, gdy z półki za nim spogląda na ciebie granat z zawleczką. Ciemnozielonego koloru granat ręczny towarzyszył nam podczas naszej pierwszej rozmowy. Doszło do niej trzy tygodnie po wyjściu Nadii z rosyjskiego więzienia.

Obawiałem się tego spotkania, nie wiedziałem, czego po nim oczekiwać. Mężczyźni na ogół boją się silnych kobiet, a Nadia zasługuje na miano ich carycy. W głowie przewijały mi się relacje z jej procesów sądowych, na których pokrzykiwała na rosyjskich sędziów oraz scena z lotniska, gdy po powrocie z Rosji na Ukrainę kilkoma krótkimi, wydanymi ochrypłym głosem rozkazami rozproszyła tłum napierających na nią zewsząd dziennikarzy.

A tutaj jeszcze ten granat. Sawczenko, granat i ja, uzbrojony jedynie w dyktafon, notes i ołówek dziennikarz z Polski.

Pierwszą rozmowę z Sawczenko odbyliśmy w jej biurze poselskim w siedzibie głównej partii Batkiwszczyna. Jej sztab przy ulicy Turiwskiej w historycznej dzielnicy Kijowa, Padół (ukr. Podił), otoczony jest wysokim, ceglanym murem i obserwowany przez dziesiątki zainstalowanych na nim kamer. Do środka wpuszczani są wyłącznie zaproszeni goście. Przed wejściem muszą przejść przez bramkę bezpieczeństwa. Dyżurują przy niej ubrani na czarno młodzi, wysocy, dobrze zbudowani mężczyźni.

Jak udało jej się wnieść tutaj ten granat?

– Żołnierz nie powinien rozstawać się z granatem. Gdybym miała go, kiedy dostałam się do niewoli separatystów, sprawy potoczyłyby się zupełnie inaczej – poważnie mówi porucznik Nadija Sawczenko, zapalając papierosa taniej ukraińskiej marki „Pryłuky".

W naszej rozmowie słowo „granat" pada dosyć często. Odnoszę wrażenie, że najchętniej nosiłaby go w torebce, między szminkami i tuszami do rzęs, których chyba zresztą nie używa.

Głęboko zaciąga się papierosem i kaszle. Pytam, czy ja również mogę zapalić. Pozwala. Siedzimy w kłębach dymu. Sięga po moją paczkę. - O, miętowe, mogę? A tak w ogóle mówmy sobie na ty - proponuje i ponownie zanosi się kaszlem.

Wywiad dla Polskiej Agencji Prasowej ukazuje się w jej serwisie. Nadia okazuje się miłą dziewczyną, która chętnie odpowiada na pytania i nie pożera dziennikarzy. Na drugą rozmowę, przeznaczoną dla tej książki, zaprasza mnie już do domu. Spotykamy się jesienią 2016 roku.

Sawczenko mieszka w dzielnicy Trojeszczyna. Szare blokowisko na tym gorszym, lewym brzegu rzeki Dniepr, która rozdziela Kijów na starą i nową część. To ogromne osiedle powstało w latach 80. XX wieku, a komunistyczne władze przydzielały w nim mieszkania młodym, perspektywicznym dla ich systemu małżeństwom oraz przesiedleńcom ze skażonej strefy wokół zniszczonej przez wybuch w 1986 roku elektrowni atomowej w Czarnobylu. Dziś budowane w pośpiechu domy powoli zaczynają się sypać.

Do bloku, w którym mieszka, prowadzi droga, wijąca się wśród piwnych kiosków i zawalonych kartonami zapleczy sklepowych. Na jej piętro wiezie mnie odrapana winda z ponadpalanymi przyciskami. Zaniedbana klatka schodowa woła o remont. Nadia otwiera po pierwszym dzwonku i zaprasza do środka. Za drzwiami całkowite przeciwieństwo korytarza: schludne mieszkanie z wypolerowanym parkietem.

Przyjmuje mnie w kuchni, bo tu - jak wyjaśnia - będziemy mogli palić papierosy. Uchyla lufcik. Przedstawia mnie mamie, starszej kobiecie o wyglądzie dobrej babci, której wręczam pudełko czekoladek. - Nadiu, włóż coś na siebie, bo przeciąg, bo cię przewieje - prosi mama. Nadia nastawia wodę na herbatę, a na stole stawia popielniczkę. Częstuję ją „miętowym", po którym, oczywiście, kaszle.

Nadia Sawczenko w Warszawie.
(7.07.2016)

# PAPIEROSY I POLITYKA

**Nie niepokoi cię ten kaszel?**

Spokojnie, to tylko zapalenie oskrzeli i zwykły kaszel palacza, ale wszystko ze mną w porządku. W więzieniu to się rozwinęło, ale nie mam gruźlicy, nie zarażam, więc nie musisz niczego się obawiać.

**Gruźlicą chyba nie tak łatwo się zarazić?**

W więzieniu jest to bardzo łatwe, ale, dzięki Bogu, mnie to nie dotknęło. Trzymali mnie tam w pojedynczej celi, byłam bardzo dobrze izolowana od ludzi i od takich chorób.

**W więzieniu z pewnością nie było ci wesoło...**

Wiesz, pozbawienie człowieka wolności to najstraszniejsza rzecz, jaka może ci się przytrafić. Nie ma kary gorszej od tego na całym świecie. W Rosji mogą odebrać ci wolność, pozbawić cię życia i nadal sądzą, że to jeszcze za mało.

**Mama nie krzyczy na ciebie za palenie?**

Mama krzyczała, kiedy miałam 16 lat, teraz już nie krzyczy. Co ja się z nią o to palenie nakłóciłam! Od początku mówiłam, że palę, że mi się to podoba i że będę palić. W końcu wywalczyłam to, co chciałam, i przestała wiercić mi dziurę w brzuchu.

Podejrzewam, że moje dzieci też popalają i nie jestem z tego zadowolony.
A ile mają lat?

Kilkanaście.
I pozwalasz im na to?

Jak to pozwalam? Nie pozwalam, tłumaczę i proszę, ale nie przynosi to chyba efektów, a dzieci przecież nie można bić.

Nie, Jarek, dzieci bić można, byle wiedziały, za co. O tym, że będę paliła papierosy, wiedziałam już w wieku czterech lat. Mówię to całkiem serio. Papierosy palił mój wujek, palił tytoń samosiejkę. Nabijał nim fajkę, albo robił skręta, a ja to wąchałam i tak mi się ten zapach podobał, że wiłam się za nim dosłownie jak kot za waleriana. Mówiłam wtedy wszystkim, że jak dorosnę, to będę palić. Dorośli na to: ot, mała głupia, palenie jest szkodliwe, nie można tego robić! Myślę sobie: poczekamy, zobaczymy. Jak tylko dostałam dowód, a na Ukrainie wręcza się go w wieku szesnastu lat, zrozumiałam, że jestem już dorosła i mogę już palić. Poszłam do koleżanki, której matka handlowała papierosami, pytam: masz coś? Ona na to, że ma. Dawaj. Zapaliłyśmy, posmakowało i zrozumiałam, że to jest to! Paliłam i będę palić. Zaczęłam w wieku 16 lat i nigdy odtąd nie rzucałam.

Byłaś przez długi czas bohaterką Ukrainy, jednak po odzyskaniu wolności zaczęłaś ten status tracić. Wielu cię dziś atakuje. Dlaczego tak się stało?

Wydaje mi się, że nie byłam bohaterką wtedy, gdy mnie nią ogłaszano. Ja staję się bohaterką dopiero teraz. To może być dziwne, ale dzieje się tak właśnie przez te ataki. Mnie wykorzystano dla politycznego PR, każdy chciał mieć z tego jakąś korzyść dla siebie. Poroszenko dla siebie, Tymoszenko dla siebie, a naród, w związku z toczącą się wojną, potrzebował wiary w bohatera. I tym bohaterem uczyniono mnie. Ja tymczasem bohaterką nie byłam. Nie jestem zła czy też dobra. Nie, ja jestem zwykłym człowiekiem. I takich ludzi jest wielu. Bohaterów jest dużo, lecz, niestety, historia zaznacza wyłącznie imiona jednostek. Zostałam zauważona, bo moją historię można było opowiedzieć. Nie jestem bohaterką. Jest nią moja siostra, moja matka.

Bohaterką jest cała Ukraina, ci wszyscy ludzie, którzy angażowali się w moje uwolnienie. Mnie świat zobaczył dopiero podczas procesu sądowego w Rosji. Przedtem, gdy byłam przez długi czas zamknięta, widzieli tylko, co robi w mojej sprawie moja siostra. Wcześniej, nawet wtedy, gdy prowadziłam głodówkę, nikt mnie nie znał. Oczywiście, że i ja, i moja rodzina pokazaliśmy światu, co oznacza bohaterstwo, patriotyzm, czym jest miłość do ojczyzny. Ale nie wszyscy ludzie rozumieli, dlaczego jestem bohaterką. Ludzie w to uwierzyli, bo opowiedziano im o tym w telewizji. I dopiero teraz, kiedy zaczyna się obrzucanie mnie błotem, kiedy ludzie zaczynają mieć świadomość, czego jestem warta, dlaczego jestem taka, a nie inna, dopiero teraz zmienia się spojrzenie na mnie. A mnie się podoba, jak się ono zmienia. Wcześniej patrzono na mnie jak na ikonę, jak na Jezusa. Obawiałam się tych oczu, tych spojrzeń. Bo ludzie oczekiwali ode mnie tak wiele, że rozumiałam, że jeden człowiek nie jest w stanie tym oczekiwaniom sprostać. Kiedy rozpoczęła się na mnie nagonka, ktoś się rozczarował, ale w miarę tego, jak rozmawiam z ludźmi, kiedy się z nimi spotykam, stosunek do mnie zaczyna się zmieniać. Wydaje mi się, że odbierają mnie teraz z pewnym współczuciem, ale i z powagą. Ze współczuciem dlatego, że nie jest mi lekko, ale widzą, że walczę i będę walczyła. Więc bohaterem staję się dopiero teraz, w tej chwili. Jest to dziwne. Wielu myśli inaczej.

Jak odbierasz te oskarżenia, że mówisz językiem prezydenta Rosji Władimira Putina, że zostałaś w tej Rosji zindoktrynowana i przeciągnięta na drugą stronę? To musi być bolesne, tym bardziej że mówią o tym ludzie w twoim własnym kraju...

Jest to dla mnie śmieszne tak samo, jak śmieszne było, kiedy w Rosji oskarżano mnie o zabicie dwóch rosyjskich dziennikarzy. Nigdy nie zabijałam ludzi bez broni. Nigdy nie strzelałam nawet do nieuzbrojonych ludzi. Tak samo jest teraz. Przyjmuję to ze śmiechem. Ani mnie to grzeje, ani ziębi. Wiem, że ci, którzy mówią o mnie źle, są programowani przez media, przez telewizję. To stwarza iluzję opinii publicznej. Nawet jeśli ludzie tak nie myślą, to telewizja im powie: Ukraińcy myślą właśnie w ten sposób. Nie jestem żadnym kremlowskim agentem, nigdy w życiu nie współpracowałam z wrogiem. Ja po prostu zaczęłam mówić prawdę, a prawda – jak wiadomo – bywa różna. Połowa prawdy przeciwko

Rosji, a połowa przeciwko ukraińskim władzom. Mamy dwóch wrogów. I jeśli będą nas szczuli tylko przeciwko wrogowi wewnętrznemu i odwracali naszą uwagę od tego, co dzieje się wewnątrz państwa, to nigdy nie będziemy w stanie zwyciężyć. Musimy działać równocześnie na wielu frontach, bo mamy wroga i z tyłu, i przed sobą. Jesteśmy ściśnięci, jak w imadle. Musimy wyjść z tego zaklętego kręgu. A kiedy ukaże się ten wywiad?

Zobaczymy, muszę to najpierw przepisać i zredagować, a to zajmie mi trochę czasu.

Aha, czyli nie jutro, więc może jeszcze trochę pożyję…

Czym albo kim jest ten wróg wewnętrzny, o którym mówisz?

Najłatwiej powiedzieć, że naszym wrogiem jest korupcja. Korupcja to jedno słowo, ogólne pojęcie. Ludzie usłyszeli: o, patrzcie, korupcja!, a czym ona jest naprawdę, nikt nie wie. Ale przecież jest ona wrogiem! Tak, wrogiem – odpowiadają ludzie. Tak naprawdę za korupcją stoją ludzie. Są tam pewne imiona, pewne nazwiska, rodziny, klany. Dlatego, jak bym tego nie nazywała, ile bym nie mówiła, że w kraju trwa wojna, fabryki czekolady należy przerabiać na fabryki broni, że trzeba kończyć z prowadzeniem interesów z wrogiem, wszyscy na Ukrainie wiedzą, o kogo chodzi. Dlatego też mam wielu wrogów na szczytach władzy. Ale ten problem jest o wiele głębszy. Dlatego że nawet cały ten miński proces pokojowy w sprawie Donbasu czy wymiana jeńców wojennych zwodzi się u nas do jednego strasznego, banalnego handlu ludźmi. Prawo do handlowania ludźmi ma u nas ten, kto ma ich we władaniu.

Właścicielem fabryk czekolady jest na Ukrainie prezydent Petro Poroszenko...

My tu, na Ukrainie, nie mamy demokracji, my tutaj mamy feudalizm oligarchiczny. Do takiego poziomu się zniżyliśmy i wszyscy mają tego świadomość. W telewizji, oczywiście, nikt nie powie, że jeńcy wojenni są wymieniani tylko z okazji jakichś ważnych wydarzeń, pod jakieś daty, pod kolejną transzę pomocy finansowej zza granicy, kiedy trzeba jechać za granicę z prośbą o pieniądze. Niedawno doszło do wymiany dwóch naszych żołnierzy na czterech separatystów. Robi się to po to, by powiedzieć: my przecież pracujemy i działamy, Rosja nam na to nie pozwala, więc dajcie nam jeszcze trochę pieniędzy. Czy nie przypomina to zwykłego handlu ludźmi? Ludzi, oczywiście, trzeba wypuszczać, mińskie porozumienia należy realizować. Ale prezydent Poroszenko nie ogłosił wojny i obiecał zakończyć ją w ciągu dwóch dni, czy w ciągu dwóch miesięcy. Tego, co dzieje się na wschodzie, nie nazywa wojną, lecz jakąś operacją antyterrorystyczną. Moim zdaniem mógłby doprowadzić do wymiany naszych jeńców jednym pociągnięciem pióra, podpisać ułaskawienie takich to a takich separatystów w celu wymiany ich na naszych wojskowych. To wszystko. To tylko jeden podpis. Ale, niestety, w całej tej sprawie został uruchomiony tak skomplikowany i długotrwały system, że jest to straszne. To wszystko odbywa się przez sądy, odwleka się czas, oczekuje na jakieś wydarzenia okolicznościowe, uroczystości, po to, żeby wykorzystać to wizerunkowo. Bardzo trudno mi na to patrzeć, bo ja to wszystko widzę i doskonale rozumiem.

Czy ta gra jest naprawdę aż tak cyniczna?

Jest to bardzo cyniczna gra. Taką samą cyniczną grę prowadzono ze mną w Rosji. Dlatego też siedziałam tam całe dwa lata, dlatego głodowałam, bo rozumiałam, że jako martwa będę wolna zawsze, a jako żywa nie wiem, czy jestem jeszcze komuś potrzebna. I gdyby ludzie, naród, nie naciskali i nie domagali się, by Sawczenko wróciła do kraju żywa, naprawdę mogłabym powrócić martwa. Dlatego bardzo dobrze rozumiem tę cyniczną grę i będę, oczywiście, mówić ludziom prawdę, otwierać im na to oczy i wiem, że będą o mnie plotkowali, że jestem ręką Kremla i tym podobne głupstwa. O Kremlu zresztą też mogę powiedzieć wiele złego. Tam tak samo prowadzona jest cyniczna gra, która im także jest potrzebna. Kreml musi zrobić coś, jakąś sztuczkę, stanąć choćby na uszach, żeby delegacja Rosji mogła, na przykład, powrócić do Zgromadzenia Parlamentarnego Rady Europy. Putin nie potrzebuje Donbasu, on potrzebuje całej Ukrainy. Putin zagarnął Krym tylko i wyłącznie dla własnej sławy, żeby zapisać się w historii, lecz nawet ten Krym jest dla niego zbyt wielkim obciążeniem. Ale Krym jest strategicznie bardziej interesujący od Donbasu. Donbas, ta połowa, którą opanowali separatyści, nie jest mu potrzebna. Putin chce teraz, by Europa zapomniała o Krymie, żeby odwołano sankcje wobec Rosji, więc zarówno dla Poroszenki, jak i dla Putina ważne jest dziś, by w Donbasie panował pozorny spokój. Jednak strategicznie niczego to nie zmieni. Bo tam, tak czy inaczej, utrzymają się wpływy Rosji. Poroszenko tymczasem będzie zmuszony do realizacji porozumień o statusie specjalnym Donbasu, ponieważ złożył pod nimi swój podpis w obecności Europy, gdyż potrzebuje od niej pieniędzy. Dlatego i dla Putina, i dla Poroszenki korzystne jest teraz dalsze bawienie się i handlowanie nami. Jest to na tyle cyniczne, że robi mi się tak niedobrze, że rozrywa mi się dusza i chciałabym ich wszystkich zebrać do kupy i do diabła rozstrzelać.

Uwolnienie zakładników po obu stronach konfliktu na wschodzie Ukrainy to, twoim zdaniem, rzeczywiście sprawa tylko jednego pociągnięcia piórem, jednego dokumentu?

Nawet tę całą wojnę można zakończyć jednym pociągnięciem pióra pod warunkiem, że oni ustalą, że jest to dla nich wygodne. To wszystko. Ta wojna jest strasznie upolityczniona. Tak, jak zaczęła się od polityki, tak i na polityce powinna się skończyć.

Przywódcy separatystycznych republik Donbasu mówią, że mogą spotkać się z tobą w sprawie uwolnienia jeńców... To także było na Ukrainie szeroko dyskutowane. Sama zresztą mówiłaś, że gotowa jesteś prowadzić z nimi rozmowy...

Od razu wyjaśnię, że nie spotykałam się z nimi i osobiście jeszcze z nimi nie rozmawiałam, bo jest z tego powodu wiele spekulacji. Tak, mówiłam, że można i trzeba z nimi rozmawiać. Oni uważają tak samo. Oczywiste, że to spotkanie byłoby nam bardzo potrzebne, ale ono nie jest potrzebne ani prezydentowi Poroszence, ani prezydentowi Putinowi. Dlatego że oni rozumieją, że możemy się porozumieć i prezydenci znajdą się poza grą, będą już niepotrzebni. Dlatego i jedna, i druga strona konfliktu będą starały się do tego nie dopuścić. Ale to nie oznacza, że ja nie rozmawiam z ludźmi z Donbasu. Rozmawiam z nimi. Jeżdżę tam, często się z nimi spotykam, mam do czynienia z ludźmi z jednej i drugiej strony na linii frontu.

Czy powiedziałaś właśnie, że przechodzisz na drugą stronę, na terytorium separatystów? Naprawdę byłaś tam po doświadczeniu rosyjskiego więzienia?

Oczywiście, nie ma się czego bać. Tam także żyją ludzie.

Ale przecież po drugiej stronie tej linii znajdują się ci, którzy cię porwali.

Tam przecież istnieją nie tylko punkty kontrolne. Jest cała masa ścieżek, są wioski. Ja się nie boję. Uważam, że jak masz do wykonania jakieś zadanie, to nie możesz się bać.

Spotykasz tam separatystów, uzbrojonych ludzi, którzy mogą cię rozpoznać? Jesteś przecież znana...

Tak, wszyscy mnie znają, wszyscy wiedzą, kim jest Sawczenko, dlatego omijam separatystów i ludzi uzbrojonych. Chodzić też trzeba umieć!

Jak odbierasz tych, którzy są po tamtej stronie linii frontu? Uważasz ich za żołnierzy, czy też traktujesz jak terrorystów?

Różnie. Ogólnie nie odnoszę się do nikogo z uprzedzeniem. Jeśli mówimy o zwykłych ludziach, którzy nie walczą i nie noszą broni, to uważam, że zostali skrzywdzeni. Ci ludzie znaleźli się w sytuacji, co do której się pomylili, ich oszukano i mają obecnie bardzo trudne życie. Siedemdziesiąt procent z nich żałuje dziś, że doszło do tego wszystkiego, że brali broń do ręki, że chodzili z transparentami, domagając się opieki Rosji.

Oni chcą powrotu pokoju, chcą wrócić do Ukrainy, i to także jest bardzo korzystne. Oni są naszymi sojusznikami na tyłach wroga. A ci, którzy mają w rękach broń? Każdego człowieka należy oceniać indywidualnie. Ktoś jest żołnierzem, a ktoś podłym zbrodniarzem. I tak jest zarówno po jednej, jak i po drugiej stronie tej barykady.

Nadia Sawczenko w moskiewskim sądzie. Świat obiegają żądania uwolnienia ukraińskiej żołnierki sił specjalnych, podpisane przez światowych przywódców, noblistów, zwykłych obywateli. (7.11.2014)

# PORWANIE

Porozmawiajmy o tym, jak cię porwano. Stało się to w lipcu 2014 roku. Jak to wyglądało? Jak wspominasz ostatnie godziny na wolności i na froncie, na którym wówczas byłaś?

Wyglądało to jak wojna, prawdziwa wojna. Od szóstej do dziesiątej przez cztery godziny byłam w boju. To nie była pierwsza walka i, jak zwykle, wszystko rozpoczęło się spontanicznie. Żadnego planu z góry, od dowództwa, nie było. Nie mieliśmy żadnych rozkazów i żadnej strategii. Jedna wielka prowizorka, ale trzeba było się w nią włączyć, bo jeszcze w tym czasie mieliśmy szanse wyzwolenia Ługańska. Zrozumiałe, że z niemałymi ofiarami, ale mogliśmy to zrobić. Nie było jednak jasnej koordynacji działań między oddziałami, nie dysponowaliśmy wystarczającą siłą i nikt nie gwarantował, że nadejdzie wsparcie. Dlatego… Wojna jak wojna. Strzelają do ciebie, strzelasz ty, wybuchają pociski, robisz uniki, wojskowa normalka, tak jak trzeba.

Kiedy zdecydowałaś się na wstąpienie do ochotniczego batalionu, który walczył z separatystami Donbasu, wzięłaś urlop z wojska, gdzie byłaś oficerem.

Tak, jako oficer byłam na legalnym urlopie ze służby w Siłach Zbrojnych Ukrainy. Dostałam ten urlop, pojechałam na wschód, przyszłam do batalionu, powiedziałam „Dzień dobry", przedstawiłam się, powiedziałam, że mam odpowiednie przygotowanie wojskowe i zapytałam, w czym mogę być pomocna.

Jaką usłyszałaś odpowiedź?

Na froncie brakowało wtedy ludzi, ochotników przyjmowano z otwartymi ramionami, szczególnie instruktorów, którzy tam przyjeżdżali. Nie byłam jedynym oficerem, który tam pojechał. Różnica jest taka, że inni nie trafili do niewoli i ich obecności na froncie nie zauważono. Byli tam albo oficerowie zdemobilizowani, którzy odeszli już z wojska, albo tacy jak ja, którzy byli na urlopach. Przyjeżdżali i pomagali, jak umieli, prowadzili szkolenia. Nie ja jedna tak postąpiłam. Wszyscy, którzy mieli sumienie, rozumieli, co się dzieje i odczuwali odpowiedzialność za kraj oraz wiedzieli, że powinni bronić swojego narodu, właśnie tak zrobili.

Nie zdziwili się, kiedy zgłosiła się do nich kobieta?

Ta kwestia byłaby raczej dyskutowana w naszej klasycznej armii. Dzięki Bogu bataliony ochotnicze to przeważnie ludzie, którzy nigdy wcześniej nie walczyli i nie służyli w wojsku. Byli tam też jednak weterani wojny w Afganistanie i inni byli wojskowi, oni jednak od dłuższego czasu żyli w cywilnym społeczeństwie i nikt nie miał problemów z tym, że byłam kobietą. Były tam też zresztą inne dziewczyny. Takie, które pomagały w różnych pracach i takie, które obsługiwały ciężkie karabiny maszynowe. Tam nikt nie zwracał na to uwagi.

Jak długo byłaś w tym batalionie?

Dwa tygodnie. Dwa tygodnie, zanim trafiłam do niewoli. Nie powiem, że codziennie dochodziło tam do gorących bojów. Był to dopiero początek konfliktu. Było jednak kilka zaplanowanych operacji, takich jak wyzwolenie miasta Szczastia. Albo wyzwolenie miasta Ajdar. Były też niezaplanowane akcje, takie, jak Sokałowa Bałka pod miejscowością Metalist w okolicach Ługańska. Bywało różnie. Były roboty dywersyjne, działania wywiadowcze, ochronne i szkolenia.

Wcześniej byłaś w Iraku. Jakie widziałaś różnice między pobytem tam a walkami w Donbasie?

Ogromnych różnic nie było, choć dawały się zauważyć. W Iraku byłam w oddziałach wojskowych typu klasycznego, była to zorganizowana, wyszkolona armia. Donbas był raczej podobny do przygotowań do Iraku. W Iraku panował system amerykański, był ścisły grafik dyżurów, zaplanowane działania. Tam wszystko było jasne i zrozumiałe. Na naszej, ukraińskiej wojnie, wszystko odbywało się spontanicznie. Tu od dawna nikt nie walczył, nikt nie wiedział, co robić. O ile w Iraku mieliśmy wszystko, to tutaj musieliśmy wszystko zdobywać. Zdobywać karabin, kamizelkę kuloodporną, hełm. Nie mieliśmy niczego, nie było umundurowania, brakowało jedzenia. Była to wojna w jej najgorszym wydaniu.

Ty jednak przyjechałaś tam z własnym mundurem i ekwipunkiem.

Tak, przywiozłam go z sobą w moim specjalnym plecaku, w którym mam wszystko, czego mogłabym potrzebować w jakichkolwiek warunkach: w polu, w śniegu, deszczu, błocie. Latem i zimą, na wszystkie przypadki w życiu. Wszystko w jednym plecaku. Wzięłam więc ten plecak i pojechałam. Nie miałam ze sobą, oczywiście, broni, zdobyłam ją dopiero na linii frontu.

Zdobyłaś ją? Możesz to wyjaśnić?

No, była to broń, którą zdobyłam jako trofeum. Broń zdobywa się zazwyczaj od przeciwnika, w pierwszych dniach walki.

Pamiętasz ten poranek, kiedy straciłaś wolność?

Napisałam o tym w swojej książce „Nadia. Więzień Putina", w której opisałam to wszystko godzina po godzinie. Opowiadałam też o tym w rosyjskim sądzie. Zajęło mi to całe dwa dni. To było z samego rana, zbieraliśmy się po wyzwoleniu miasta Szczastia, kończył mi się urlop, dalszych ataków nie planowano, więc musiałam wracać do jednostki. Myślałam, że będą planowane dalsze operacje wojskowe, że może potrzebne będzie lotnictwo, że jeszcze gdzieś mogę się przydać. Przyjechała po mnie samochodem siostra, która przywiozła pomoc dla frontu od wolontariuszy. Miałyśmy wyjechać z samego rana. Ale rano rozpoczęła się walka i zamiast jechać do domu, do Kijowa, pojechałyśmy tam, gdzie strzelano.

Jak nazywało się to miejsce?

Było to na odcinku między miastem Szczastia a miejscowością Weseła Hora, na skrzyżowaniu dwóch dróg. Tuż za Wesełą Horą znajduje się klub golfowy, gdzie zwiad separatystów natrafił na nasz zwiad i rozpoczęła się strzelanina. Zostawiłam siostrę w tej Wesołej Górze, a sama wzięłam pięciu ludzi i poszłam na tak zwane czyszczenie klubu, żeby przekonać się, czy walki się zakończyły, czy też nadal trwają, czy nikt tam nie pozostał i nie potrzebuje pomocy. Doszliśmy do klubu, a dalej wszystko potoczyło się jak zawsze, chaotycznie, jak zwykle, gdy na miejscu nie ma jednego ośrodka decyzyjnego. Dowódca każdego oddziału wysyłał swój sprzęt i swoich żołnierzy, a wszystko było uzgadniane dopiero na miejscu. Więc doszło do tego, że technika wyrwała się do przodu i natrafiła na zasadzkę w rejonie miejscowości Stukałowa Bałka. Tam została zaatakowana przez przeciwnika.

Mówiąc technika, masz na myśli pojazdy wojskowe?

Tak, były to bojowe wozy piechoty, transportery opancerzone i jeden czołg. Na czołgu siedziało tych pięciu ludzi, których ze sobą wzięłam. Na nim jechaliśmy do klubu golfowego. Kiedy już sprawdziliśmy teren klubu i z niego wyjechaliśmy, chcieliśmy omówić dalsze działania. Dałam rozkaz zejścia z czołgu, ale czołg jest bardzo głośny, więc nie usłyszeli mnie i pojechali na nim dalej. Dowódca czołgu trafił później na zasadzkę w Metaliście. Zrozumiałam, że jeśli wysłałam ludzi w bój, to nie mam prawa powrotu i dlatego poszłam na zwiad. Przekazywałam dane do centrum dowodzenia, współrzędne zasadzki.

Miałaś jakąś radiostację, krótkofalówkę, jak komunikowałaś się z dowództwem?

Zwyczajnie, przez telefon komórkowy. Łączność była zła, bo zniszczone były wieże sieci komórkowych. Przekazałam jednak dane o zasadzce w Stukałowej Bałce i natrafiłam tam na ranną załogę ostrzelanego wozu bojowego. Poprosiłam przez telefon siostrę, by przysłała mi samochód, żeby zabrać rannych pięciu ludzi. Siostra przekazała samochód chłopakom, przyjechali bardzo szybko i też trafili na zasadzkę. Było ich dwóch, wychodzi więc na to, że mam już na sumieniu siedmiu ludzi, którzy nie wrócili do jednostki. Ja sama też nie wróciłam, bo poszłam dalej i również popełniłam poważny strategiczny błąd. Wiedziałam, że przed zasadzką będzie sekret, ale, niestety, przegapiłam go, bo skupiłam się na tym, co będzie działo się dalej, z przodu i nie rozglądałam się po bokach.

Co to jest sekret?

Sekret to niewielka grupa ludzi na przednich pozycjach. Rozmieszczony jest zazwyczaj po dwóch stronach drogi. Sekret leży cicho, niczego nie robi, ale informuje swoich o tym, co się dzieje, kto porusza się po tej drodze, co po niej jedzie. Na podstawie tych informacji oczekująca w dalszej odległości inna grupa podejmuje dalsze decyzje: czy takiego jak ja zatrzymać, czy go zabić.

Więc trafiłaś na sekret przeciwnika i...

Tak, natknęłam się na nich. Wyszedł na mnie chłopak od separatystów, bardzo młody. Nie odbezpieczył nawet broni. A w związku z tym, że wojna dopiero się rozpoczynała, że nie było jeszcze tyle przelanej krwi i jakiejś specjalnej nienawiści, pomyślałam, że zdołam się z nim dogadać. Robiliśmy to zresztą wcześniej dość często. Z separatystami dało się rozmawiać. Zdecydowałam, że nie będę do niego strzelała, zwłaszcza że jego broń była zabezpieczona i nie był przygotowany do ataku. Zabić go, żeby sprowokować innych i ujawnić miejsce, gdzie byli nasi ranni, byłoby krokiem nieodpowiedzialnym. Dlatego postanowiłam, że z nim pogadam, może by się to nawet udało, ale doszli do nas jego koledzy, z którymi nie było już tematu do rozmowy. Większość z nich to byli Rosjanie, którzy doskonale wiedzieli, co mają robić. W ten sposób trafiłam do niewoli. Chłopaki, którzy ze mną byli, w tym ranni, też również zostali ujęci.

Jak zachowywali się ludzie, którzy cię zatrzymali?

Na początku mówili na mnie: o, suka snajperka, zaraz cię po kole puścimy. Taki sobie żart niewinny.

Po kole w znaczeniu seksualnym?

Mówili, że cię zgwałcą?

No tak. To są zwykłe momenty podczas brania jeńców, zawsze tak mówią, szczególnie kobietom, a ci uznali mnie przecież dodatkowo za snajperkę. I tak sobie na mój temat teoretyzowali. Nie wiem, skąd u ludzi biorą się te głupie fantazje, taki stosunek do kobiet, ale ja wcześniej już o tym wiedziałam i byłam do tego przygotowana. Rozumiałam też, że zwykle na gadaniu takie sytuacje się kończą. Niczego mi, oczywiście, nie zrobili, nie zważając na to, że ich wyśmiałam. Odebrali mi wszystko, co mogli ze mnie zdjąć, zwykłe maruderstwo, nawet buty. Niestety, nie miałam ze sobą granatu, bo gdyby był, to bym się nigdy nie poddała. Związali mnie, zawiązali mi oczy. Zrozumieli, że jestem oficerem, bo w samochodzie znaleźli moje dokumenty. Siostra nie wyciągnęła z samochodu wszystkich rzeczy, jak jej kazałam. Zobaczyli te dokumenty, powiedzieli: o, ta suka jest jeszcze oficerem! Podszedł Rosjanin i powiedział: wywieźmy ją jak najszybciej, póki jeszcze jej nie odbili. Zrozumiałe, że oficerów odbija się w pierwszej kolejności. Dlatego bardzo szybko zawieźli mnie do swojego sztabu, do siedziby komendy uzupełnień w Ługańsku. Okazało się, że jestem dla nich bardzo wartościowym materiałem. Nie wiem, z jakiego powodu i dlaczego, ale bardzo szybko zainteresowała się mną Rosja.

Co działo się dalej?

Umieszczono nas w sali gimnastycznej – mnie w jednej sali, chłopaków – w drugiej; oficerów i szeregowych zawsze zazwyczaj trzyma się oddzielnie. Rannych odwieziono jednak do szpitala. Oczywiście tych, których nie dobili, bo wielu po prostu dorżnięto. Takie rzeczy również się zdarzają, bo są ludzie, którzy to robią. Więc tych, którzy przeżyli i byli ranni, odwieziono do szpitala i udzielono im tam pomocy medycznej. Trzymali nas tydzień. W tym czasie myśleli, co z nami zrobić i przesłuchiwali. Nie powiedziałabym, żeby te przesłuchania były jakieś szczególnie okrutne. Normalne, zwykłe pobicia. Oni nie byli jeszcze na tyle zezwierzęceni, nie wyczyniali niczego strasznego. Zwykłe przesłuchania, próby uzyskania informacji, zastraszanie. Ja im, oczywiście, żadnych informacji nie ujawniłam.

Czym cię zastraszali? Grożono ci śmiercią?

Nie, traktowali mnie jak oficera. Chłopaków rzeczywiście bili. Mnie tylko chcieli pobić. Przyszedł Rosjanin, który powiedział, że będę jego zakąską. Kiedy z nim rozmawiałam, powiedział, że odprawił dziś na tamten świat pięciu ludzi, ale zapytał przy tym: jak mam z tym żyć? Odpowiedziałam, że każdy sam wybiera swoją drogę życia, więc i ty wybieraj. Nie podniósł na mnie ręki. Uścisnął mi dłoń i powiedział: jesteś bardziej mężna niż wszyscy oni razem wzięci. Odwrócił się i poszedł.

Potem przyszedł do mnie Ihor Płotnicki, ówczesny minister obrony Ługańskiej Republiki Ludowej. Przyszedł z kamerzystą. Na przesłuchanie. Pytał, ile mamy czołgów, kto za nami stoi i tym podobne. Ja to wszystko obracałam w żart, nie byłam agresywna, nie mówiłam, że będę milczeć, że niczego im nie zdradzę. Nie, po prostu z nich żartowałam. Może nie żartowałam, a raczej mówiłam prawdę. Na pytanie, kto za nami stoi, odpowiedziałam: cała Ukraina. Zrozumieli, że niczego się ode mnie nie dowiedzą, ale opublikowali to wideo, które z czasem stało się bardzo głośne i ludzie zaczęli rozumieć, że jestem bohaterką. W porównaniu z nagraniami z przesłuchaniami innych jeńców – a ja też byłam zmęczona i ranna – na których widać było poważne twarze, moje zachowanie było dla ludzi troszkę nietypowe.

Separatyści pozostawili mnie w końcu w spokoju, bo byłam im potrzebna. Ale zaczęli ze mną rozmawiać. Mówili mi, oczywiście, że moje życie nie ma dla nich żadnej wartości, że nie wrócę żywa do domu, przychodzili różni idioci, mówili: zabić tę sukę, zarżnąć, ale rozumieli, że niczego ode mnie nie wyciągną. Ci, którzy mi tak grozili, byli młodzi, jeszcze się nie nawojowali, zachowywali się niepoważnie. To nie byli żołnierze, lecz śmieci, podnóżki, którzy podają naboje. Nie zwracałam na nich uwagi.

Wciąż znajdujemy się w sali gimnastycznej w Ługańsku...

Tak, a potem przyszli tam oficerowie, zawodowi żołnierze, Rosjanie. Też chcieli ze mną rozmawiać. Uznałam, że mogę sobie na to pozwolić. Zaczęły się dyskusje, pytali, na przykład, po co zorganizowaliśmy Majdan, przecież doprowadził nas wszystkich do tego, że mamy teraz wojnę. Odpowiadałam, że my swój Majdan zakończyliśmy, a wojnę wywołaliście wy, a nie my. Niestety, tych nagrań nigdzie nie pokazywano, ale rozmawialiśmy dość długo, pewnie ze dwie godziny. Mówiliśmy o sytuacji na Ukrainie, o polityce, o różnych rzeczach. Rosjanom towarzyszyli ługańscy separatyści. Nasza rozmowa zakończyła się tak, że ustaliliśmy w żartach, że zawracamy czołgi i idziemy na Kijów, gdzie będziemy szturmowali władze, które nastały po Majdanie, bo do niczego dobrego nie doprowadziły. Nasi politycy oddali Rosjanom Krym, rozpoczęła się wojna. I chociaż tak sobie luźno żartowaliśmy, było jasne, że Rosja położyła już na mnie swoją łapę. Zrozumiałam, że nie podlegam żadnej wymianie. Wszystkich wymieniono, a mnie wywieziono do Rosji.

Czy już wtedy była mowa o rosyjskich dziennikarzach, o których zabicie cię oskarżono?

Słyszałam tam o nich tylko raz, gdy przyprowadzono do mnie rosyjskich dziennikarzy, którzy robili szeroką propagandę na rzecz separatystów. Separatyści pozwalali im nagrywać jeńców. Naszym, ukraińskim dziennikarzom, na to nie pozwalali. Więc przyszli ci dziennikarze z jakiejś wszawej rosyjskiej stacji telewizyjnej i zadali mi pytanie, czy wiem, że w tym boju zginęli ich dwaj koledzy, rosyjscy dziennikarze. Nie wiedziałam o tym, ale powiedziałam, że bardzo im współczuję. Więcej mnie o tych dziennikarzy nikt nie pytał, nikt się nimi nie interesował, bo jasne było, że trafiłam do niewoli wcześniej, niż ich zabito. W chwili, gdy ci dziennikarze nawet nie dotarli jeszcze w miejsce, w którym później zginęli, ja byłam już w Ługańsku. Dlatego nikt nie zwracał na to żadnej uwagi. Rosja jednak potrzebowała jakiegoś obrazka, żeby pokazać światu, że Ukraińcy to naziści i banderowcy. Więc rosyjski Komitet Śledczy zebrał się na naradę, uruchomił fantazję i zaczął malować scenariusze. Zdecydowali w ten sposób, że pokażą babę, oprawczynię i zabójczynię, a na dodatek oficera i lotniczkę, która służyła w Iraku, była snajperem, nie wiadomo, co ma w głowie i przyszła zabijać cywilnych mieszkańców Donbasu. Po to byłam im potrzebna. Tyle że nie pomyśleli, że to wszystko tak wyjdzie. Dlatego też Rosja mnie kupiła od Płotnickiego, który mnie po prostu sprzedał. Nie wiem, jaką zapłacili mu cenę, czy dostał za to wsparcie polityczne, czy otrzymał broń. Nie mam pojęcia.

Jak wyglądało twoje życie w Ługańsku prócz przesłuchań, o których opowiadałaś?

Siedzisz przykuta do drabinki gimnastycznej, cały czas w jednej pozycji, możesz sobie wstać, usiąść czy się położyć, jeśli to ci wyjdzie. Potem postawili mi nawet łóżko, takie żelazne, wojskowe, ze sprężynami. Bo wcześniej spałam na podłodze, na jakichś zniszczonych dywanach. Wartownicy rozłożyli je na drewnianych paletach. Przykuwali nas do rur, sprzętu gimnastycznego i stali nad nami ludzie z karabinami, którzy przez całą dobę pilnowali, żebyś nigdzie nie uciekł. Przynosili jedzenie, dawali wodę, przynosili wiadro, do którego się załatwialiśmy. Z nimi można też było pogadać, bo również nie uczestniczyli jeszcze w walkach, nie wiedzieli, co to takiego wojna, jeszcze nie zarazili się ideami ruskiego świata i putinowskiej Noworosji, idioci. Rozmawialiśmy więc z tymi dzieciakami o pogodzie, sporcie, dziewczynach, żartowaliśmy z nimi, śmialiśmy się. Od czasu do czasu przychodzili na przesłuchania faceci z rosyjskiej Federalnej Służby Bezpieczeństwa, węszyli za informacjami. Ja jednak rozumiałam, kto jest co wart i z kim i o czym można rozmawiać.

**Czy zastanawiałaś się wtedy nad ucieczką? Czy była ona w ogóle możliwa na tym etapie?**

Ucieczka była możliwa, ale żeby uciec, musiałabym kogoś zabić. Gdybym uciekała sama, musiałabym zabić po drodze co najmniej trzy osoby. Nie mogliśmy jednak uciec całą grupą. Znajdowaliśmy się w różnych salach, byłoby to długie wyjście, trzeba byłoby pójść po dachach. Słowem, jedna osoba mogłaby przejść, ale reszta nie. Chłopcy byli ranni, wszyscy byśmy nie zwiali. Oprócz mnie było tam ośmiu naszych ludzi. Gdybym uciekła sama, zabijając przy tym tych trzech, to naszych chłopaków czekałoby rozstrzelanie. Ryzykowałabym życie zbyt wielu ludzi, by odzyskać wolność. Zdecydowałam, że nie mogę pójść na takie rozwiązanie. Szanse ucieczki były także w momencie, gdy wywożono mnie do Rosji, można było tego spróbować, ale było to już jednak obce terytorium. Nie zrobiłam tego.

Nadia Sawczenko w trakcie strajku głodowego
po dziewięciu miesiącach spędzonych w rosyjskim więzieniu
po raz kolejny staje przed sądem.
(4.03.2015)

# ROSJA

Jak trafiłaś z Ługańska do Rosji?

W Ługańsku odsiedziałam około tygodnia. Nasi chłopcy spędzili tam miesiąc, zanim ich wymieniono. A po mnie przyjechał samochód i powiedziano mi, że jadę do Moskwy. Wcale mnie to nie ucieszyło i jeszcze nie wierzyłam, że tak się naprawdę stanie. Pozwolono mi jednak kilka razy zadzwonić do domu, żebym skontaktowała się z siostrą. Nie powiedziałam Wirze, że będę w Rosji. Powiedziałam jedynie, że jestem w niewoli, ilu nas jest, w jakim jesteśmy stanie, żeby zaczęto zastanawiać się nad tym, jak dokonać wymiany. Ługańsk zakończył się tym, że pewnego dnia, o godzinie szóstej wieczorem, przyszli po mnie, odpięli od kaloryfera, na głowę naciągnęli mi worek, założyli kajdanki na ręce, zaprowadzili do samochodu i wywieźli. Jechaliśmy osiem godzin, zmieniliśmy sześć samochodów i dojechaliśmy nie do Moskwy, lecz do Woroneża. Zapamiętałam całą tę drogę, mogę ją odtworzyć i chyba muszę to kiedyś zrobić. Pamiętam zakręty, czas, odległości, o czym zresztą mówiłam w rosyjskim sądzie. I tak znalazłam się w Rosji. Nie rozumiałam, co tam robię.

Kiedy zrozumiałaś, że jesteś w Rosji?

Zorientowałam się po rosyjskich tablicach rejestracyjnych na samochodach, zobaczyłam brzózki i rosyjskie drogowskazy z nazwami rosyjskich miast. Zrozumiałam, że jestem w innym kraju i pomyślałam: o Boże, co za chujnia?. Jakoś tak to wyglądało. Złość i rozpacz, myślisz sobie, ki diabeł? Zrozumiałam, że nie potrwa to krótko. Nie sądziłam, co prawda, że będą to aż dwa lata, ale wiedziałam, że wcześniej czy później na kogoś mnie wymienią. Nie wiedziałam, czego w tej Rosji oczekiwać i nie sądziłam, że trafię do prawdziwego więzienia. Miałam świadomość, że będą przesłuchania, te rzeczy, przecież jesteśmy z nimi w stanie wojny. Ale to, że wezmą mnie i banalnie wrzucą do więzienia, było dla mnie niespodzianką.

Czyli od razu umieszczono cię tam w areszcie?

Nie. Na początku trzymali mnie przez tydzień w jakimś podrzędnym hoteliku, gdzie pilnowali mnie agenci Federalnej Służby Bezpieczeństwa. Wynajęli tam dwuosobowy pokój, przed drzwiami stało dwóch uzbrojonych ludzi w maskach. Z nimi też rozmawiałam. Wypytywali mnie o Majdan, o Ukrainę, z nimi też można było znaleźć wspólny język. Wszyscy się tam nudziliśmy, i oni, i ja. Nie można powiedzieć, że wszyscy są w tej Rosji źli. Wielu z nich też rozumiało, że Rosja nie ma racji, no ale wykonywali rozkazy, dlatego siedzieli i milczeli. Siedziałam tam tydzień, przychodził śledczy, który zaczął zajmować się moją sprawą, taki mały, nikczemny człowieczek. Coś tam sobie pisał, wymyślał jakąś historię, a ja zaczęłam się z niego śmiać. Mówiłam mu: jesteś chory, nic wam z tego nie wyjdzie, nic z tego, co próbujesz mi tu narzucić, nie jest prawdą, żadnych dziennikarzy nie zabijałam. Z początku starał się dowiedzieć, uzyskać jakieś informacje, wywąchać, kogo można by jeszcze w mojej sprawie posadzić i z czego można zrobić kolejny obrazek telewizyjny. Wypytywał o Majdan, o sotnie na Majdanie, kto w nich był, co robił. Pytał o nasze bataliony, które w Rosji określane są jako bataliony represyjne, wypytywał, czy odcinają głowy, czy rozpruwają brzuchy. Mówię mu: albo jesteś debilem, albo jesteście już tak jebnięci, że sami wierzycie w te fantazje, w tę książkę, którą własnoręcznie piszecie. Ty sam te idioctwa wymyślasz. Niczego takiego u nas nie ma, wymyślacie to, idioci. Pytał też, oczywiście, o operację przeciwko separatystom, o położenie wojsk, ale posyłałam go na chuj.

To był śledczy rosyjskiego Komitetu Śledczego, major Mańszyn. Dima, Dimoczka Mańszyn.

Pamiętasz, jak wyglądał ten śledczy?

Jak palant. Grubiutki taki, ze zwisającym brzuchem i delikatnymi rączkami. Do człowieka nie było to podobne, a do żołnierza tym bardziej. Nie był zresztą żołnierzem, był raczej milicjantem. Ci, którzy mnie pilnowali, byli żołnierzami. Oni wyglądali dobrze. Nieźle musiałabym się napracować, żeby im uciec. Po tygodniu z tym śledczym, z Mańszynem, wywieziono mnie do sądu, a raczej do kurnika, który nazywał się sądem, gdzieś pod Woroneżem. Tam mnie osądzono i odwieziono do aresztu.

Czyli usłyszałaś wtedy jakieś zarzuty.

Tak, zamknięto mnie w związku z podejrzeniem, że zabiłam dwóch rosyjskich dziennikarzy. To oskarżenie usłyszałam tam po raz pierwszy. Wcześniej nikt mi o tym nie mówił.

Jaka była twoja reakcja?

Śmiałam się z tego. Powiedziałam sędziemu, że to kłamstwo. Że kłamią zarówno na mój temat, jak i na temat Ukrainy. W ich protokołach powtarzane były głupstwa o ukraińskich batalionach represyjnych i sędzia sam się z tego śmiał, ale wyszedł z sali, wrócił i ogłosił, że jestem aresztowana.

W tym czasie jeszcze nie miałaś adwokatów, którzy byli przy tobie później?

Nie, przyprowadzono mi adwokata wyznaczonego z urzędu. Prosiłam go, żeby zadzwonił do mojej rodziny i powiedział, że jestem w Rosji. Obiecał, że to zrobi. Na drugi dzień przyszedł, pytam go, czy zadzwonił? Wiesz, rozumiesz, ja też niewiele mogę – mówi. Szlag mnie trafił, bo przecież nikt nie wie, gdzie jestem. W końcu zrobiło się o mnie głośno i zaczęto mnie poszukiwać, więc Rosjanie musieli poinformować konsulat Ukrainy, że jestem u nich, że mnie mają. W areszcie jednak nie dopuszczano do mnie ukraińskiego konsula i wtedy ogłosiłam pierwszą głodówkę. Głodowałam przez siedem dni i konsul w końcu do mnie przyszedł.

Kiedy dokładnie to było?

Nie pamiętam, ale działo się to jeszcze w Woronażu. Konsul, który się ze mną spotkał, powiedział, że będzie szukać dla mnie innych adwokatów, bo ten z urzędu nie był adwokatem, a raczej jeszcze jednym oskarżycielem. Potem przyjechało do mnie trzech adwokatów: Mark Fejgin, Nikołaj Połozow i Ilja Nowikow. Nie miałam wyboru, nie miałam innych obrońców, a ci panowie przynajmniej wyglądali na mądrych, więc podpisałam z nimi umowę. Nie miałam pieniędzy, żeby im zapłacić, a gdy zobaczyłam garnitury, w których przyjechali, zrozumiałam, że kosztują więcej, niż warte jest w tej chwili moje życie. Od razu powiedziałam, że nie mam czym zapłacić, że takich pieniędzy nie ma ani moja mama, ani moja rodzina. Odpowiedzieli, że jest to proces ich życia i że będą dla mnie pracowali za symboliczną jedną hrywnę. Zrozumiałam później, że płaciły im jakieś organizacje, ale pozostało to ich tajemnicą zawodową, a ja – jak mówili – nie powinnam się tym martwić. Adwokaci zaczęli ze mną pracować. Dość często przyjeżdżali do aresztu do Woroneża. Co najmniej raz w tygodniu. To było dla mnie święto. Oni nie byli mi tam potrzebni nawet jako adwokaci, lecz jako mój kontakt ze światem. Siedziałam tam w jednoosobowej celi. Całe dwa lata, non stop. Przez obrońców mogłam przekazać jakiś list do siostry, dostać list od niej, taka metoda komunikacji. Nazywałam ich gołębiami pocztowymi. Czekałam na tych adwokatów, bo wiedziałam, że przyniosą mi jakieś informacje z domu, jakieś zapiski. Jest to, oczywiście, zakazane, ale były sposoby, żeby to obejść.

W tym areszcie mogłaś chociaż wychodzić na dwór, na jakiś spacer?

Areszt był dla mnie bardzo ciężkim przeżyciem, całkowicie niezrozumiałym. Nie mogłam sobie wcześniej wyobrazić, że człowiek może w taki sposób istnieć. Zbierałeś kiedyś stonkę w ogródku? Wrzuca się ją do słoika i obserwuje, co robi. Najpierw będzie próbowała się wydostać, ale w końcu w tym słoiku zdechnie. Tak jak w areszcie, nie żyje nawet stonka. Na dworze mogłam spędzać tylko godzinę dziennie. Wyprowadzają cię według grafiku. I to nie na dwór, tylko do takiej samej celi, między takie same cztery ściany, przez które niczego nie widzisz, bo okien tam nie ma. Masz jedynie więcej świeżego powietrza, bo w tej celi nie ma sufitu. To się u nich nazywa oddychaniem czystym powietrzem, zwariować można. Oczywiście jesteś na tym spacerze sama. Zawsze i wszędzie jesteś tam sama.

Komunikowałaś się w jakiś sposób z innymi więźniami?

Więzienie w dzień śpi, a w nocy żyje. Więzienie cały czas rozmawia. Są różne drogi, przechodzą informacje, przesyłane są grypsy, ale ja byłam od tego wszystkiego całkowicie odcięta. Byłam bardzo mocno izolowana, zawsze siedziałam w miejscu, obok którego nie ma żadnej innej celi. Ani z boku, ani nade mną, ani pode mną. W mojej celi były także zamontowane kamery. Wszędzie, nawet w toalecie, czyli, w języku więziennym w kiblu. Więc kiedy podchodziłam do okna czy do drzwi, kiedy robiłam coś, co obserwujący mnie strażnicy uznawali za nietypowe, od razu słyszałam komunikat, żebym wracała na miejsce. Na miejsce! Jak pies. Nie miałam żadnego kontaktu z innymi aresztowanymi.

Trudno sobie wyobrazić kamerę w kiblu...

Jak tylko weszłam do tej celi i to zobaczyłam, od razu zapytałam, czy ktoś tu przypadkiem nie zwariował. Powiedziano mi, że kamera nie jest skierowana na kibel. A na co, według was, jest ona, kurwa, skierowana? Siedzisz na kiblu i widzisz oko kamery. Filmuje ona, co prawda, górną część człowieka, ale tak czy inaczej, filmuje. Było to bardzo poniżające, bardzo nieludzkie, ale takie jest właśnie rosyjskie więzienie. A raczej więzienie specjalne, bo nie we wszystkich celach są kamery. W mojej były. Raz na tydzień prowadzą cię pod prysznic. Temperatura w celi plus 35 stopni Celsjusza, więc chcesz się jakoś ochłodzić, umyć chociażby raz na dzień. Nabierasz miskę wody, przykrywasz się z wierzchu prześcieradłem i jakoś się obmywasz. Idziesz do toalety, znowu przykrywasz się prześcieradłem. Taki system. Ich więzienie to niespotykana męczarnia.

Czy, prócz strażników, widywałaś jakichś innych ludzi? Współwięźniów?

W Woronežu nie widziałam nikogo. Kiedy prowadzono mnie korytarzem, wszyscy więźniowie byli zamykani w swoich celach.

Ale oni wiedzieli, że tam jesteś, wiedzieli, że siedzi z nimi Sawczenko?

Oczywiście, że wiedzieli! Więzienie wie wszystko. Nie mogąc z nikim pogadać, starałam się zaczepiać strażników, zamienić z nimi choć słowo, ale słyszałam: z tobą nie możemy rozmawiać. Mieli zakaz rozmawiania ze mną! Ale więźniowie o mnie wiedzieli. Widzieli mnie w telewizji, bo w wielu celach były telewizory, wiedzieli, że jestem zabójczynią i dlatego się mną interesowali, wypytywali o mnie strażników. Tylko ja nikogo nie znałam. W każdym miejscu, w którym byłam, każde więzienie wiedziało o mnie wszystko.

W twojej celi telewizora nie było?

Coś ty, na początku nie miałam niczego, ani radia, ani telewizora, a jedynie książki. Potem dali mi radio, które nadawało rosyjski pop i którego nie można było wyłączyć. Grało cały dzień, pękała mi od tego głowa. Radio było za kratą, powyrywałam kable, bo myślałam, że zwariuję. Potem, kiedy zaczęło być już o mnie głośno, przyjechała rosyjska rzeczniczka praw człowieka Ełła Panfiłowa. Popatrzyła, w jakich warunkach żyję i poprosiła: dajcie jej chociaż telewizor. No i tak dostałam telewizor. Wcześniej miałam tylko książki.

Jakie to były książki?

Nie pozwalali mi ich wybierać i przynosili to, co uważali, że będzie dla mnie dobre. Więzienni psychologowie przeprowadzili wcześniej testy i uznali, że znajduję się w grupie ryzyka. W jakiej, kurwa, grupie ryzyka? – myślałam. Więc na podstawie wniosków psychologów zdecydowano, że nie mogę czytać niczego poważnego. Dostojewski był dla mnie zakazany, to przynosili mi jakieś romanse bulwarowe typu: ona go odnalazła, on ją kocha, gówno takie, popularne kryminały Darii Doncowej. Życie w zamknięciu, bez ruchu, było jednak dla mnie czymś tak niecodziennym, że czytałam po pięćset stron dziennie. Ja te książki wprost połykałam, czytałam, żeby zająć czymś głowę, żeby tylko nie myśleć. Potem, kiedy mogłam już sama wybierać książki, zaczęłam czytać rosyjską klasykę, poezję, wszystko to, co było w rosyjskiej literaturze dobre.

Te książki przynosił więzienny bibliotekarz?

Zwykle takimi rzeczami zajmują się więźniowie, którzy, jak na filmach, roznoszą książki, czy przynoszą jedzenie. Ale w związku z tym, że ja siedziałam w bloku specjalnym, wszystko przynosili mi strażnicy. Innych więźniów do mnie nie dopuszczano.

Jak wpłynęło na ciebie takie całkowite odosobnienie? Miewałaś depresje, pojawiały się myśli samobójcze?

Nie, takich głupich myśli nie miałam. Ja w ogóle nie miewam takich stanów, że nie chce mi się żyć. Myślałam sobie tylko: kurwa, kiedy to się w końcu skończy? Wiedziałam jedynie, że wiem, co mam robić, jeśli będą chcieli zrobić ze mną coś, co nie będzie mi się podobało. Wiedziałam, że nie pozwolę się komuś odsprzedać, albo wywieźć w miejsce, do którego nie chcę jechać, bo nie mam zamiaru żyć w Rosji przez całe dwadzieścia dwa lata. Podjęłam dla siebie jasną decyzję: wracam na Ukrainę martwa i nie podlega to dyskusji. Jest cała masa sposobów, nikt nie będzie w stanie mnie powstrzymać. To nie było jednak przygotowanie do samobójstwa. To była po prostu decyzja, tak jak z granatem. Jeśli w chwili, gdy trafiłam do niewoli, miałabym granat, pociągnęłabym za zawleczkę. Ale nie miałam granatu, więc nie mogłam go użyć. Więc jest to podjęta wcześniej decyzja, wyliczenie, jak będziesz się zachowywać, żeby, kiedy już nastąpi taka sytuacja, nie zastanawiać się, co robić, lecz działać według scenariusza, który wcześniej opracowałeś.

W Woroneżu byłam całkowicie odizolowana, jednak później, kiedy przewieziono mnie już do Moskwy, do aresztu kobiecego, to zaczęto wyprowadzać mnie na spacer, a na podwórkach obok byli już ludzie, inne więźniarki. Przekrzykiwałyśmy się i zaczęły na mnie najeżdżać: o, Ukraina, banderowcy, dzieci zabijają. Strażnicy nie zwracali na to uwagi: wyprowadzili cię, zamknęli kraty i sobie poszli. W Woroneżu ciągła obserwacja, nawet na spacerniaku nikt ode mnie nie odchodził. Tutaj było inaczej. Więc po tych okrzykach i obrazach w końcu zdołałam z tymi kobietami w Moskwie porozmawiać. Doszło do porozumienia i z czasem, kiedy wychodziłam na dwór, zaczęły wykrzykiwać „Sława Ukrainie" i „Bohaterom sława". Skończyło się to izolatką. Strażnicy zrozumieli, że ludzie tego typu, co ja, są w stanie wzniecić bunt, a oni tego nie potrzebowali. Odizolowali mnie, tłumacząc, że boją się o moje życie, bo mogą mnie zabić, gdyż jestem sadystką, która zabijała Rosjan. Mówiłam im: mnie już raczej nie zabiją, szybciej wraz z nimi, czyli innymi więźniami, pozabijamy was.

Jak długo byłaś w Woroneżu?

Trzy miesiące. Przez cały czas trwania śledztwa. Rosyjskie władze nie chciały początkowo odtransportować mnie do Moskwy, bo to stolica, centrum państwa i tam mieszkają moi adwokaci. Zadaniem władz było piętrzenie jak największej liczby przeszkód. Ale kiedy już musieli pracować ze mną śledczy, to nie chciało im się jeździć do Woroneża i łatwiej było przewieźć mnie do Moskwy. Więc przewieźli. Jechałam do Moskwy etapem, wagonem więziennym i mogłam rozmawiać z ludźmi, chociaż było to zakazane. Stołypinką.

Czym jest stołypinka?

Jest to wagon używany do przewozu więźniów jeszcze w czasach ZSRR. Wagon z przedziałami, w których zamiast drzwi są kraty. Zakratowane są, oczywiście, także okna. Wyjaśniono mi później, że podczas długich przejazdów strażnicy pozwalają więźniom na rozmowy, że jest to normalne, że można sobie gadać. Ale kiedy w tym wagonie znalazłam się ja, reguły natychmiast się zmieniły. Gdy inni transportowani zaczęli mnie zagadywać i rozmawiać między sobą, że jedzie z nimi Sawczenko, strażnicy zaczęli ich uciszać tak, jak ucisza się psy. Walili pałką po klatkach i krzyczeli: zamknijcie się! W tym wagonie, w moim przedziale, była także, rzecz jasna, kamera. Ale my olaliśmy ich przepisy i zaczęliśmy śpiewać. Każdy śpiewał to, co potrafił i jak potrafił: Ormianin po ormiańsku, Cygan po cygańsku, a ja po ukraińsku. Ekipa była naprawdę wesoła.

Widziałaś ludzi, którzy z tobą jechali?

Oczywiście, że nie, przez ściany przedziału nie widziałam nikogo. Nie można było wyjść na korytarz, jak w zwykłym wagonie. Do toalety odprowadza cię strażnik. Każe iść szybko i nie rozglądać się na boki. Ta podróż była okropnie długa. Trwała chyba ze trzy dni. Wyjechaliśmy z Woroneża, dojechaliśmy do miasta Jelec. Tam wyładowano nas z pociągu i zawieziono na noc do miejscowego więzienia. Rano znów wróciliśmy do pociągu. Wlókł się do tej Moskwy ze trzy dni. Było bardzo duszno, brakowało miejsca, nie można nigdzie wyjść, bardzo trudne warunki. Było to już pod jesień. Dotarliśmy do Moskwy, gdzie znowu trafiłam do pojedynczej celi. Niestety, w lufciku nie było szkła, bo ktoś zapomniał je wstawić, ale obiecali, że zrobią to następnego dnia. Nocowałam więc w tym przeciągu, przez co przeziębiłam się i bardzo zaczęło mnie boleć ucho. Poprosiłam, żeby przyprowadzono mi lekarza, ale powiedzieli, że go nie mają. Dali mi za to jakąś maść. No jaką do cholery maść, to nawet nie była maść, tylko jakiś żel kosmetyczny! Nie mieli nawet kropli do uszu! Pokłóciłam się wtedy z pielęgniarzami, ale straciłam jakieś 60 procent słuchu, na jedno ucho nie słyszałam zupełnie. Znowu ogłosiłam głodówkę i powiedziałam, że póki, kurwa, nie wezwiecie mi lekarza – a nie wiem, skąd go weźmiecie i jest mi to zupełnie obojętne – to nie będę nic jeść.

Wcześniej, w Woroneżu, bolał mnie ząb, miałam opuchliznę, a dentysta przychodził tam do aresztu raz na miesiąc. Więc póki do mnie dotarł, ropa z zęba odeszła. A w tej Moskwie ucho rozbolało mnie tak, że naprawdę przestałam słyszeć, wiedziałam, że tracę słuch i potrzebowałam realnej pomocy. Przychodzili adwokaci, bywali już wtedy u mnie praktycznie każdego dnia i kiedy ogłosiłam głodówkę, skontaktowali się z moim lekarzem na Ukrainie i ten wypisał dla mnie receptę. Niestety, w moskiewskim areszcie nie zezwolono na dostarczenie mi tych lekarstw. Powiedzieli, że musi być recepta od lekarza rosyjskiego. Głodowałam gdzieś około tygodnia i w końcu zawołano do mnie lekarza. Obejrzał to moje ucho, rozpoczął normalne leczenie, słuch zaczął powoli powracać. Głodówki jednak nie przerwałam, bo uważałam, że siedzę bez żadnych dowodów winy. Byłam bardzo zła, dlatego że obrzydło mi już to siedzenie, trzy miesiące w Woroneżu i tutaj, w Moskwie już jakiś miesiąc. Głodówka trwała 83 dni.

Czy wcześniej, zanim dowiedziałaś się, dlaczego trafiłaś do Moskwy, wyjaśniono ci przyczyny wyjazdu z Woroneża?

Nikt tam niczego nikomu nie wyjaśnia. Człowiek jest rzeczą, meblem. Wchodzą w środku nocy i rzucają: z rzeczami do wyjścia. To wszystko. Masz czterdzieści minut na spakowanie.

To jak w ZSRR...

Dokładnie tak. Nikt ci niczego nie mówi, nie wyjaśnia, dokąd cię wiozą, co z tobą dalej będzie. Ja nie wiedziałam, dokąd jadę. Nie miałam pojęcia, że będzie to Moskwa i nie wykluczałam, że może być to nawet Magadan na dalekim wschodzie Rosji. W Moskwie, jeszcze przed tym, jak zaczęło boleć mnie ucho i rozpoczęłam głodówkę, dokooptowali mi do celi dziewczynę. Była to tzw. podstawiona kaczka, osoba, która miała na mnie donosić. Dziewczyna jednak okazała się świetna, było mi z nią bardzo wesoło, taka sama chuliganka jak ja, mieszkanka Czeczenii, mistrzyni kick-boxingu. Spędziłyśmy razem trzy dni, gadałyśmy, przygotowywałyśmy razem jakieś jedzenie. Jej zadaniem było wyciągnięcie ze mnie jakichś informacji, co zamierzam robić, jakie mam plany, ale nie wiedziałam, co mam jej mówić, co opowiadać. Powiedziała im, że nie da się ze mną pracować, że niczego się ode mnie nie dowie i ją zabrali. Wtedy właśnie ogłosiłam głodówkę i znowu zostałam w celi sama.

Jak wyglądał ten moskiewski etap twojego pobytu w Rosji?

Więzienie reagowało na mnie dobrze. Nadszedł Nowy Rok, cały czas prowadziłam głodówkę, a więźniowie o tym wiedzieli. Władze więzienne kusiły mnie smażonymi ziemniakami, chciały rozbudzić mój apetyt, bo przygotowywano je chyba tuż pod drzwiami mojej celi, tak intensywny był ten zapach. Ja, oczywiście, ciągle odmawiałam jedzenia. Kiedy w Nowy Rok szłam na kolejną kroplówkę, całe więzienie krzyczało: Nadiucha! Wszystkiego najlepszego w nowym roku! Pozdrawiamy cię! Machali do mnie z okien, a ja się cieszyłam, bo było to zabawne. Więzienie zna i wspiera ludzi, którzy się buntują. To zawsze wywołuje szacunek osadzonych. Co jeszcze było w tej Moskwie? Nic ciekawego. Zawieźli cię do sądu, rozprawa, zamknęli na trzy miesiące, siedzisz i czekasz te trzy miesiące. Nic się nie dzieje. Żadnych działań śledczych, całkowita cisza. Urzędnicy gdzieś tam sobie siedzą, wypisują papiery. Kończy ci się czas aresztowania – znowu do sądu, znów przedłużyli areszt o dwa miesiące.

**Ale w Moskwie trafiłaś też do szpitala psychiatrycznego...**

Oni tam mają swoje procedury, że kiedy człowiek sądzony jest za zabójstwo, zdaje się, że ze 105. paragrafu kodeksu karnego, to przeprowadzane są badania psychiatryczne. Dlatego też zostałam odesłana do kliniki psychiatrycznej. Był to znany z psychiatrii represyjnej w czasach ZSRR Instytut Psychiatrii Sądowej im. Władimira Serbskiego. Bardzo niebezpieczne miejsce. Klinika to nie więzienie, tam mogą zrobić z tobą wszystko. Mogą cię czymś nafaszerować, powiedzieć, że byłeś agresywny i już po tobie. Człowieka mogą przerobić na warzywo. Wszyscy bardzo baliśmy się tej kliniki. Bała się jej moja siostra i bała się mama, która pamiętała, jak w czasach sowieckich niewygodnych dla systemu ludzi umieszczano w takich szpitalach i robiono z nich wariatów. Kliniki obawiali się również moi adwokaci, którzy także rozumieli, czym się to może skończyć. No, ale wysłali mnie na te badania. Od samego początku na nic się tam nie zgadzałam. Odmawiałam rozmów z lekarzami, nie pozwalałam, by mnie dotykano, przestałam jeść. Zakazałam im robienia mi zastrzyków i zbliżania się do mnie z paralizatorem. Wyłożyłam im wszystkie swoje warunki tak, że byli zszokowani, że przyjechałam do nich z tak agresywnym podejściem. Powiedziałam im: przecież, kurwa, robicie wszystko, żebym była właśnie w takim nastroju! Najpierw mnie porwaliście, potem mnie tutaj siłą przywieźliście, torturujecie mnie, czego ode mnie chcecie?! Zdecydowali, że niczego nie będą ze mną robić, że będą mnie po prostu przez tydzień obserwowali. Z nikim nie rozmawiałam, nikt mnie nie zaczepiał. Życie było tam jednak łatwiejsze, bo byli tam ludzie. Był to oddział kobiecy szpitala. Leżały tam aresztowane dziewczyny, głównie narkomanki, ale również wariatki, bardziej normalne i mniej normalne. Ale jako ogół były bardzo pozytywne, bardzo wesołe. Większość nie miała wielkich zdolności intelektualnych, ale niektóre były bardzo inteligentne. Wcześniej nie miałam do czynienia z ludźmi z problemami psychicznymi, a tutaj zauważyłam, że jest to dość interesujące środowisko. Układałyśmy razem puzzle, malowałyśmy, coś lepiłyśmy, wycinałyśmy, kręciłyśmy kwiatuszki z folii. Szpital psychiatryczny z przedszkolem w jednym. Chodziłyśmy do toalety palić papierosy, wychodziłyśmy na spacery. Spacery odbywały się na świeżym powietrzu. Było tam podwórko, na którym rosły drzewa, były klomby z kwiatami, zupełnie inna atmosfera niż w zabetonowanym więzieniu. Te przechadzki były wspaniałe. Widzisz liście, słońce, trawę... Cudo. Spędziłam tam dwadzieścia jeden dni, najkrótszy termin na badania w psychiatryku. Śledczy chcieli, by psychiatrzy powiedzieli, że jestem jakimś agresywnym maniakiem, ale lekarze i personel szpitala zrozumieli, że do niczego mnie nie zmuszą. Szpital dał mi taką „kulturalną" diagnozę. Wyglądała ona mniej więcej tak: wiecie co, dzieci? Pierdolcie się z tym sami. My, jako lekarze, nie weźmiemy tego na swoje sumienie. I oddali mnie śledczym razem z tym papierem. Śledczy byli bardzo niezadowoleni, domagali się jeszcze jednej ekspertyzy, ale nie zgodziliśmy się na nią z adwokatami.

Bardzo cię pilnowali w tym szpitalu?

Strażnikami były tam kobiety, bo przecież był to oddział kobiecy szpitala. Strażniczki miały oczywiście paralizatory i cały ten swój sprzęt i odnosiły się do mnie na początku bardzo agresywnie. Były przestraszone, wiedziały, że jestem zabójczynią, bo widziały mnie wcześniej w rosyjskiej telewizji, która aż kipiała, informując, jakim to jestem złem. Pierwszej nocy położyłam się spać przy otwartych drzwiach, naprzeciw których posadzili kobietę, milicjantkę z paralizatorem. Włączyli wszystkie światła, życzyli dobrej nocy i powiedzieli: śpij. Zapytałam, czy ich przypadkiem nie pojebało? Właśnie w taki sposób można naprawdę zwariować. Wyobrażasz sobie tę presję? Jak mogę spać przy włączonym świetle, kiedy ktoś koło mnie siedzi i się na mnie gapi, trzymając jedną rękę na paralizatorze, a drugą na pojemniku z gazem pieprzowym? I z kajdankami, brakowało tam tylko pistoletu. Rozpoczęłam więc walkę o spokojne spanie. Te wojny powtarzały się każdego dnia, lekarze nie wiedzieli, co ze mną robić. Potem, kiedy już rozpoczęłam walkę o prawa biednych i uciśnionych, wszystkich tych moich wariatek, szpital zaczął kombinować, jak się mnie pozbyć, żeby tylko mieć spokój.

Na czym polegała ta twoja walka o - jak mówisz - prawa biednych i uciśnionych?

Był, na przykład, problem okularów. Bo to szkło, bo pacjentki mogą się tymi okularami pociąć. Ludzie psychicznie chorzy mają dużo zakazów, o wiele więcej niż więźniowie za kratkami. Mówię więc, żeby dali im plastikowe lupy, które nie są niebezpieczne dla życia, ale można przez nie czytać. Oni, jak zwykle, w szoku. Chodziłam do nich, gadałam o tym wszystkim, a oni tylko myśleli: kurwa, skąd się wzięła taka mądra z Ukrainy?

Ja z kolei zastanawiam się, skąd wiedziałaś, jak zachowywać się w szpitalu psychiatrycznym i jak w ogóle dawałaś sobie radę w więzieniu, bo przecież nigdy w nim wcześniej nie byłaś?

Tak, w więzieniu byłam po raz pierwszy, ale moje zachowanie było wynikiem wcześniejszych doświadczeń i wojskowej analizy. W wojsku miałam przecież kursy przetrwania, co prawda, nie w środowisku ludzkim, lecz w warunkach naturalnych, w lesie, na bagnach czy pustyni. Jadłam żaby, węże, potrafię poruszać się w górach, znaleźć wodę, rozpalić ogień, umiem przeżyć. Przechodziłam także kursy pomocy medycznej, wiem, jak zabezpieczać skomplikowane złamania, jak postępować z urazami. Korzystałam z tych doświadczeń podczas procesu, pytałam separatystów, którzy byli w nim świadkami, dlaczego przy takich to a takich ranach nie stosowali takich czy innych środków. Ich nikt tego nie uczył, uczono ich jedynie strzelania i umierania. Oni nie wiedzieli, w jaki sposób można przeżyć, jak kogoś uratować. Takiej wiedzy nie posiadali. Armia jednak dała mi wiele, tym bardziej że chciałam i lubiłam się uczyć. Nie na darmo spędziłam w niej całe dziesięć lat. Znam anatomię, psychologię człowieka i chociaż na uniwersytecie wojskowym poziom tych przedmiotów nie był zbyt wysoki, to jeśli się chciało, można było się wszystkiego dowiedzieć. Ja dużo czytałam, słuchałam, co mówią starsi i bardziej doświadczeni, ludzi, którzy przeszli przez obozy. Ja po prostu mam o tym pojęcie.

W końcu wypisano cię z tego szpitala i wróciłaś do aresztu. Jak nazywał się ten areszt?

Tak, wypisano mnie, życząc mi z całego serca szczęścia i zdrowia. Wróciłam więc do moskiewskiego aresztu kobiecego numer sześć. W Moskwie otarłam się także o znany areszt Matrosskaja Tiszyna, byłam tam w szpitalu przywięziennym. W Szóstce również prowadziłam głodówkę, bardzo ścisłą, podłączano mnie już pod kroplówki, proszono, bym zaczęła jeść, podawano herbatkę. Wcześniej odebrano mi wszystko i pozostawiono tylko wodę, bo zasada jest taka, że jeśli ogłaszasz głodówkę, to odbierane ci jest wszystko i pozostawia ci się tylko wodę; w przeciwnym przypadku uznaje się, że nie głodujesz. Do przerwania głodówki namawiali lekarze i milicjanci. Kiedy zrozumieli, że nie dadzą sobie rady, bo będę kontynuowała protest, przeniesiono mnie do szpitala. Do MatrosskiejTiszyny, po sześćdziesięciu dniach głodówki. W Matrosce panowały lepsze warunki. W sali miałam prysznic, co było dla mnie ogromną radością. I byłam w tej sali sama. Jedna. Pokój był odremontowany, czysty, wszędzie kafelki, jednak cały czas było to więzienie. Nowoczesne, plastykowe okna, ale za nim kraty. Drzwi z judaszem i karmikiem, dziurą do podawania jedzenia. Wszystkie meble przyspawane do podłogi, przymocowane do ścian, wszystko metalowe. No, ale z drugiej strony lepszy materac, co było ważne, bo podczas głodówki schudłam i o zwykłe, twarde więzienne materace po prostu obijałam się żebrami. Na spacery wyprowadzano mnie tam z psem. Cały czas byłam obserwowana, bo przecież głoduję i jak upadnę, a oni tego nie zobaczą, to zostaną ukarani. Chodzisz na tym spacerze, a z góry ciągle się ktoś na ciebie gapi. Czułam się jak tygrys w ogrodzie zoologicznym. Tam zrozumiałam, dlaczego tygrysy w zoo ciągle warczą na publiczność. Ludzie gapią się na ciebie i wytykają palcami. I jeszcze ten pies na spacerniaku. Pies, kurwa, który też na ciebie patrzy. Kiedy zobaczyłam tę sytuację pierwszy raz, głośno się roześmiałam. Ci stoją nade mną, a tu ten pies. Hej, psie! Może zamienimy się miejscami? Spotkania z psem były jednak miłe. Zwierzę jest milsze od człowieka.

Jak znosiłaś głodówkę?

Mój stan cały czas się pogarszał. Zaczęli mi podawać jakieś preparaty chemiczne, bo były problemy z żyłami i przyczepiła się do mnie jakaś alergia.

Kontrolowałaś, co ci podają?

Wszystko miałam pod całkowitą kontrolą. Codziennie przyjeżdżali do mnie obrońcy, przychodzili ukraińscy konsulowie, sprawdzali karty, patrzyli, co ze mną robią. Był to czas, kiedy mówiono o mnie na świecie, więc wiedziałam, że nie zrobią żadnego głupstwa. Tak czy inaczej chodzili dookoła i modlili się, żebym im nie zdechła. Bo jak tutaj zejdę, ich sytuacja będzie nie do pozazdroszczenia. No i starali się robić wszystko, żebym żyła. Podsuwali mi jedzenie, jedzonko, jak mówili. Kawior czerwony, jeśli sobie zażyczę. Było to komiczne, no ale cały czas się rozsypywałam. Na rozprawach wyglądałam strasznie, przywożono mnie do sądu ze sprzętem medycznym, ale psychicznie czułam się nieźle. W głowie trochę mi się kręciło, ale nie traciłam przytomności. Przekonałam się wtedy, co potrafi ludzki organizm. Możesz nie jeść trzy miesiące, możesz to przeżyć i nawet nie zemdleć! Najważniejsze to odpowiednio się do tego przygotować. Podczas Wielkiego Głodu na Ukrainie w latach 1932-1933 ludzie umierali nie tyle z głodu, co z rozpaczy. Kiedy to wszystko zdarza się w jednym czasie, kiedy jest głód i zimno. A ja nastawiłam się inaczej. Zmuszałam się do pracy, ciągle coś robiłam.

Co robiłaś, jakie znajdowałaś sobie zajęcia?

Przychodziły do mnie listy, które były dla mnie ogromnym pocieszeniem. Siedziałam, pisałam, odpowiadałam. Dali mi papier, więc składałam origami. Czytanie zupełnie mi zbrzydło, telewizora nie mogłam oglądać w ogóle, bo rosyjska telewizja niczego ciekawego nie pokazuje. Zajmowałam się pracami ręcznymi, coś kleiłam, malowałam, wycinałam. Sprawiało mi to ogromną frajdę, bo miałam czym wypełnić dzień. To, czy jem, czy nie jem, stało się nieważne. Już wiem, że można nie jeść przez długi czas. To nic strasznego.

Kiedy zaczęły przychodzić pierwsze listy? Kiedy przyszła świadomość, że świat wie, co się z tobą dzieje?

Listy zaczęły przychodzić jeszcze w Woroneżu. Pięć sztuk, tych pierwszych, dostałam gdzieś w drugim tygodniu od trafienia do rosyjskiego aresztu. Trzy z Rosji, dwa z Ukrainy. Nie wiem, skąd ci ludzie o mnie wiedzieli, może z telewizji, nie mam pojęcia. W tych pierwszych listach ludzie pisali, że są ze mną, że mnie popierają, że nie wszyscy w Rosji są tacy, jak ich władze, że się wstydzą. Podobne listy dostawałam z Ukrainy. Było ich coraz więcej i więcej. Kiedy głodowałam, więzienni cenzorzy chyba mnie nienawidzili. W jednym tygodniu dostawałam tyle listów, co wszyscy inni aresztanci razem wzięci. A cenzura musiała to czytać i sprawdzać, przy czym wiele listów było w języku ukraińskim, więc ich nie przepuszczali, bo nie rozumieli. Te listy nadchodziły całymi paczkami, skrzynkami mi je przynosili, a ci siedzieli i czekali: Boże, kiedy to wszystko się skończy? Ludzie tymczasem pisali i pisali, a ja przecież na każdy list odpisuję! Władze aresztu tylko czekały, kiedy stamtąd wyjadę, kiedy mnie wypuszczą.

Co zapamiętałaś z tych listów?

Listy były różne. Przeważnie dobre. Złych listów nie było, a może ich nie przepuszczano. Sądzę, że były takie, w których ktoś mnie przeklinał, ale cenzura nie pozwalała na wulgaryzmy. Takie listy nie mogą wyjść z więzienia, jak i nie mogą do niego trafić. Listy mają być kulturalne. Przychodziły takie listy, w których było widać głębię myśli, z pięknymi słowami. Bardzo lubiłam listy z domu, od siostry, chociaż najczęściej wysyłała mi widokówki. Bez żadnych słów, z uśmieszkiem i krótkim podpisem. Często patriotyczne. Dostawałam dużo listów od dzieci, ze szkół, z rysunkami. Dzieci nazywały mnie bohaterką, prosiły, żebym żyła. Ludzie prosili, żebym przerwała głodówkę. Doszło do tego, że było mi od tego niedobrze. Myślałam sobie: kurczę, przestańcie, nie umrę, uspokójcie się! W więzieniu w końcu zrozumiano, że się nie poddam. Byłam już taka chuda, że doszło do nich, że tutaj mnie nie uratują, tym bardziej że nie odmawiałam przyjmowania kroplówek. Kiedy głodujesz, żyły robią się płaskie i trudno trafić w nie igłą. Wstawiali mi wenflony, ale nie mieli w co wbić igły. Próbowali w różnych miejscach i w końcu zdecydowali, że muszą mnie odwieźć na reanimację. Wieźli mnie, jak zwykle, całą kolumną samochodów. Ważyłam wtedy chyba ze czterdzieści kilo, zrobili mi badania i zrozumiałam, że to jest straszne. Reanimacja to miejsce, gdzie przywożą ludzi, żeby umierali. Po operacji, w ciężkich stanach. Umieścili mnie w sali ogólnej. Na reanimacji nie mieli sali pojedynczej dla więźniów. W tej sali ogólnej leżały dwie babcie z rurkami wystającymi gdzieś z brzucha, z odleżynami. Leżał tam jeszcze jeden więzień, mężczyzna w pampersie, przykuty kajdankami do łóżka. Mnie też tam położyli i przykuli. Nie można było wstawać. W celi mogłam chociaż pochodzić. Tam naprawdę ludzi przywożą na śmierć. Pytam, po co mnie tu przywieźliście? Ja przecież mogę chodzić, ja nawet jeszcze nie mdleję. Chcecie, żebym tu leżała i zdechła? To naprawdę było straszne. Odmówiłam leczenia i poprosiłam, żeby odwieźli mnie z powrotem do więzienia. Przenieśli mnie z reanimacji szpitalnej do reanimacji więziennej. To też była tragedia. Sala, w której nie ma okien. Wszędzie, gdzie wcześniej byłam, były okna. Chociaż zamalowane, ale były, zawsze można było dziurkę w tej farbie wydrapać i coś zobaczyć. Brak okien był bardzo przytłaczający. A kiedy w nocy włączane było światło, na drzwiach pojawiał się cień białego krzyża. Leżę, patrzę i myślę, że jestem w trumnie. Te drzwi z białym krzyżem to jej wieko. Kurwa, przywieźli mnie tu, żebym zdechła. Była to ohydna presja moralna, było mi bardzo źle. Przyszedł adwokat, powiedziałam mu, że jest mi już obojętne, jak mnie będą sądzić, kto mnie będzie sądził, czy śledztwo będzie jeszcze trwało, czy nie, albo kończcie już z tym kurestwem, albo żywa stąd nie wychodzę. Przyszedł śledczy, także na mnie popatrzył, był w szoku, mówił, że się przestraszył, bo wyglądałam tak, jak bym wyszła z Auschwitz. Miałam na sobie obcisłą koszulkę, spod której było widać żebra, kręgosłup, miednicę i wszystkie kości. Śledczy zrozumiał, że przyszedł czas, by kończyć śledztwo. Był to już trzeci śledczy w mojej sprawie. Wcześniejszych załatwiłam. Dimoczki Mańszyna już nie widziałam, po nim był jeszcze jakiś przypał, a trzeci, Timocha, był normalnym, żywym człowiekiem, wesoły taki, mały, energiczny, cały wytatuowany. Spojrzał na mnie, powiedział: Nadia, zakończyliśmy śledztwo, kończ z tą głodówką, zaczynaj jeść, idziemy do sądu. Ja mówię: kurwa, jeszcze do sądu? Co wy? Znęcacie się nade mną? Skończyliście śledztwo, to mnie wypuśćcie! Powinniście wykazać, że jestem niewinna i skończyć z tym oszustwem. Wiozą mnie z powrotem do więzienia, do Matroski, skąd mnie zabrali z oddziału szpitalnego i zgadzam się na zakończenie głodówki. Zaczynają mnie z niej wyciągać a to tłustym rosołem, a to sokami. Przyjechali mnie badać lekarze niemieccy, potem ukraińscy, których dopuszczono do mnie po ciężkich walkach.

Pamiętam, że ukraińscy lekarze długo nie mogli do ciebie trafić.

Tak, adwokaci zaczęli się buntować, że Rosjanie doprowadzają mnie do śmierci, że muszą mnie przebadać inni lekarze, nie rosyjscy, którym zresztą zabroniłam do mnie się zbliżać. Tak samo jak wcześniej w klinice psychiatrycznej. Uznałam, że nie ma sposobu, by podłączyć mnie do kroplówki, żyły są przeżarte, chemia zniszczyła mi organizm, więc zakazuję, by mnie dotykano, nie chcę, żeby mnie leczono. Powiedziałam, że jeśli ktoś mnie dotknie, uznam to za tortury i będę stawiać opór. Więc zaczęli myśleć, co ze mną począć i w końcu zgodzili się na lekarzy niemieckich, a potem ukraińskich. Ci mnie zbadali, powiedzieli, że jestem skrajnie wycieńczona, że człowiek praktycznie już nie wychodzi z takiego stanu i że trzeba coś natychmiast ze mną robić. Zaczęli mnie namawiać do jedzenia i przywracać do życia. Wychodzenie z głodówki jest o wiele gorsze od samej głodówki. Cierpią wszystkie organy. Miałam okropne wymioty, ataki silnego bólu, nie mogłam spać całymi nocami. Nie mogłam przyjmować żadnego jedzenia, to przynieśli mi jakiś specjalny kleik. Przywiozłam go ze sobą na Ukrainę, chcesz spróbować? Naleję ci trochę tego koktajlu. Kurczę, zupełnie o nim zapomniałam! Spróbuj, zrozumiesz, jaka to ohyda. Jest to bardzo specyficzny napój i bardzo drogi, jedna puszka kosztuje z 15 dolarów. Przysyłali mi to ukraińscy wolontariusze. Sobie naleję pełną filiżankę, a tobie tylko troszkę.

No nie jest to specjalnie smaczne...

Widzisz? A ja musiałam wypijać litr tego na dzień. Rozrzedzony krochmal. Kurwa, jaka ohyda! Przypomina mi więzienie. Więc zaczęli mnie tym karmić, ale i tak cały czas rzygałam. Potem organizm zaczął już się powoli przyzwyczajać do posiłków, zaczęłam jeść twaróg ze śmietaną, w niewielkich porcjach, przepisano mi specjalną dietę i w taki to sposób wracałam do życia.

Jak długo to trwało?

Zasada jest prosta: trzy miesiące głodujesz – trzy miesiące wracasz do zdrowia. W moim przypadku zajęło to około miesiąca. W ciągu tego miesiąca nie nabierałam wagi, lecz wręcz nadal ją traciłam. Potem zaczęłam nabierać ciała. Przez ten miesiąc zapoznawałam się z aktami mojej sprawy i w końcu przewieziono mnie do Rostowa nad Donem. Jechaliśmy tam tydzień. Tydzień, kurwa.

Znowu pociągiem?

Tak, pociągiem, takim samym jak ten, którym jechałam do Moskwy, stołypinem. Ten pociąg więcej stał, niż jechał. Zatrzymywaliśmy się w różnych aresztach. W Woronеżu trafiłam do tego samego aresztu, w którym wcześniej siedziałam. Przyjechałam i powiedziałam: zdrawstwujtie, kurwa, ponownie. Bardzo mi się to nie podobało, tym bardziej że w tym Woroneżu trzymali mnie trzy dni. I najgorsze było to, że nadal niczego mi nie mówili. Czy to już ostatni etap podróży, czy jedziemy jeszcze gdzieś dalej, nic. Milczenie. W końcu kazali się spakować i znowu w drogę. Było bardzo gorąco, to było lato, a mi bardzo puchły nogi, bardzo mnie piekły i bolały. Przywieźli nas do Rostowa, tam dali mi leki i jakąś maść na te nogi. Leżę z nogami na ścianie i myślę, że zaraz szybciutko odbędzie się proces i moja męka się skończy. Ale nie. Rozprawa została odłożona na półtora miesiąca. Całe półtora miesiąca! Siedziałam w tym areszcie i nie wiedziałam, co mnie czeka. Byłam bardzo, ale to bardzo zła. Kiedy w końcu rozpoczął się ten proces, bardzo mi ulżyło. Znowu zaczęli przyjeżdżać adwokaci, nadal przychodziła masa listów, na które sumiennie odpowiadałam, ale poza tym było nudno, nawet nie pamiętam, czym jeszcze wypełniałam czas.

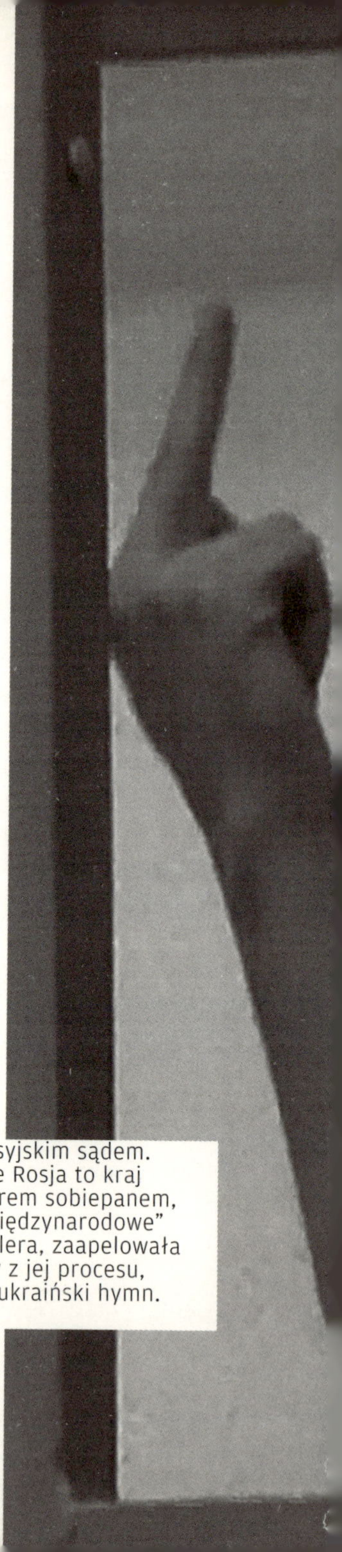

Nadia Sawczenko składa oświadczenie przed rosyjskim sądem. „Chcę, by cały cywilizowany świat zrozumiał, że Rosja to kraj Trzeciego Świata z reżimem totalitarnym i dyktatorem sobiepanem, w którym za nic mają prawa człowieka i prawo międzynarodowe" - powiedziała Sawczenko. Putina porównała do Hitlera, zaapelowała do państw zachodnich o wyciągnięcie wniosków z jej procesu, pokazała sędziemu środkowy palec i zaśpiewała ukraiński hymn. (9.03.2016)

# POWRÓT DO ROSTOWA I PROCES SĄDOWY

**Mówiłaś wcześniej, że w Rostowie było ci lepiej niż w Moskwie.**

Tak, Rostów jest zupełnie inny od Moskwy, gdzie było najgorzej. Jest też inny od Woroneża. W Woronežu panował wzorowy porządek, nikt ze mną nie rozmawiał, chociaż personel był wobec mnie bardzo grzeczny. Mówię, że wobec mnie, bo widziałam, jak rozmawiali z innymi aresztantami. Chyba mieli specjalne rozkazy, jak się ze mną obchodzić. Widzieli zresztą, że jestem normalnym człowiekiem, że nie jestem, jak to się mówi, zekiem, typową kryminalistką. Ja zachowywałam się grzecznie i oni byli grzeczni. W Moskwie natomiast panowało chamstwo. Pamiętam, jak zek zwraca się do majora: towarzyszu majorze. A ten mu na to: wilk ci, kurwa, towarzyszem. Odwracam się do tego majora i mówię: dziś wilk, a jutro ty sam możesz być jego towarzyszem, nie zarzekaj się od więzienia. Dziś wszyscy jesteście tacy mądrzy, a jutro mogą was posadzić i będziecie tacy sami jak my. Milicjanci często trafiają do więzienia, więc rozumieją, czym ono jest.

Rostów leży też w sąsiedztwie Ukrainy.

Ludzie tam nawet znają ukraiński, a przynajmniej rozumieją. Mentalnie też są inni. Bardziej otwarci, weselsi, tacy... ukraińscy. Z nimi można pogadać. Z Rostowa nie pamiętam jakichś złych momentów. Nikt ode mnie niczego nie chciał, śledztwo się zakończyło, po prostu siedziałam.

Twój proces sądowy rozpoczął się
po półtoramiesięcznym pobycie w Rostowie.
Jak to wspominasz?

Proces był wesoły, traktowałam go jak chodzenie do pracy. Pół roku pracy. Był to bardzo aktywny okres, po trzy posiedzenia sądu na tydzień. Wstaję rano, ubieram się, przygotowuję i do sądu. Wieczorem wracam, czytam dokumenty, piszę odpowiedzi, idę spać. Znowu wstaję i znów do sądu. Było to świetne, bo droga do sądu zajmowała dwie godziny w jedną stronę. Konwój stał się dla mnie zwykłą rzeczą. Eskortowała mnie Białorusinka, obywatelka Rosji oczywiście, z którą śpiewałyśmy ukraińskie piosenki. Zaprzyjaźniłyśmy się. Ze strażnikami z konwoju dzieliłam się jedzeniem: przygotują sobie kanapki i podają mi przez kratę, ja częstuję ich tym, co mam... Więc jeździliśmy sobie tak wesoło przez całe pół roku.

Pamiętasz, jak nazywała się ta Białorusinka?

Miała na imię Wika, Wiktoria. Naczelnik aresztu był z pochodzenia Ukraińcem, mieszka w rosyjskim Doniecku. Powtarzał mi zawsze, że nigdy nie sądził, że między Ukraińcami i Rosjanami może być jakiś konflikt. Miał na imię Giena. Znał ukraiński, więc rozmawialiśmy z nim po ukraińsku. Było to bardzo miłe. Można się było z nimi dogadać, czasem nawet przekazywali mi pozdrowienia od siostry, kiedy przyjeżdżała do Rostowa. Pracownicy służby więziennej przekazują innym zatrzymanym przesyłki, lecz mnie to nie dotyczyło. Aresztowani mają nawet telefony komórkowe, ale ja byłam od tego wszystkiego odcięta. Stosunek do mnie był jednak bardzo ludzki. Oni chyba mieli świadomość, że przekombinowali, że sądząc mnie, Putin wyrządził sobie tylko szkodę, bo w oczach świata wyglądało to bardzo negatywnie. Strażnicy, którzy wozili mnie do sądu, doskonale to rozumieli. Proces już się kończył, wszyscy mówili, że będzie dobrze, że odzyskam wolność, że wiedzą i czują, że nikt mnie tutaj nie będzie trzymał, bo jestem dla nich problemem. Dlatego odnosili się do mnie bardzo dobrze, nikt na mnie już źle nie patrzył, nikt już na mnie nie szczekał.

A sam proces? Jaki był?
Jak zachowywali się sędziowie?

Sędziowie też wszystko doskonale rozumieli, ale suki są sukami. W ciągu pół roku tej mordęgi w sądach każdy wiedział, co się dzieje, ale proces był nagrywany, pisano o nim w prasie, więc było w porządku. W końcu sędziowie zaczęli przeciągać czas, który dla mnie był najważniejszy. Ja wciąż wiedziałam, że wrócę, nieważne, czy żywa, czy martwa, ale wrócę, więc ogłosiłam trzecią głodówkę. Zdenerwowało mnie, że ogłosili na święta bożonarodzeniowe jakąś przerwę, że zamiast być na wolności, wciąż siedzę. To była tak zwana sucha głodówka, bez przyjmowania płynów. Doskonale wiedziałam, że stawkę należy podbijać, a sucha głodówka to niezwykle skuteczny środek. Stało się to, na co liczyłam: bardzo się przestraszyli. Sześć dni bez płynów doprowadziło do tego, że organizm był bardzo odwodniony, pobielały mi dziąsła, język, oczy zaczęły tracić blask. Świadomości jednak nie traciłam. Zgęstniała mi krew, co zobaczyli w analizach i zrozumieli, że mogę im po prostu umrzeć. Zmuszali mnie do chodzenia, nie pozwalali spać, kazali ciągle się ruszać. Przekonywali mnie do kroplówki, ale odmówiłam. W takim stanie pojechałam do sądu, sąd powiedział, że proces dobiega końca, więc stało się tak, jak chciałam. Tę głodówkę ogłosiłam po to, żeby Poroszenko i Putin zrozumieli, że trzeba mnie wymienić. Że nie mają już więcej czasu i nie mogą bawić się moim życiem dłużej, niż im na to pozwolę. Ta wymiana i tak zresztą była planowana. Wytrzymałam czternaście dni i w końcu zgodziłam się na kroplówkę. Lekarze przekonywali mnie, że mogę nie pić góra sześć dni, że dociągnę najwyżej do dziesięciu, ale umrę, zanim władze zdążą się porozumieć. Pisali do mnie konsulowie, prosili o przerwanie głodówki, na ich telefony dzwonił do mnie Poroszenko, prosił, żebym zakończyła protest, zapewniał, że mnie wymienią. Powiedziałam mu, że jest mi to obojętne, że zdecydowałam, że idę do końca. I w takim stanie wyjechałam na Ukrainę. Ich trzeba cały czas zmuszać do działania. Ja wiedziałam, że jestem przedmiotem handlu, handlu ludźmi i, jak każdy towar, powinnam ciągle utrzymywać swoją cenę. Kiedy byłam już na Ukrainie, zorganizowano mi spotkanie z matkami chłopaków, którzy wciąż są w niewoli. Zobaczyłam w oczach tych matek więcej złości niż dobra. Złości, obrazy, nieszczęścia. Bo ich dzieci wciąż są gdzieś tam przetrzymywane, a ja jestem na wolności. Rozumiem to. Były też tam kobiety, które cieszyły się, że odzyskałam wolność, ale większość była zła. Było to bardzo trudne spotkanie. Moja siostra Wira powiedziała im, że nie powinny opuszczać rąk i wciąż walczyć. Ja ze swojej siostry zrobiłam towar – mówiła. Bardzo drogi towar, który w końcu został wykupiony. Możecie zrobić to samo ze swoimi dziećmi. Walczcie. I Wira miała rację, bo gdyby ona o mnie nie walczyła, gdybym ja sama nie walczyła, to nadal bym siedziała, jak Kolczenko, jak Sencow.

Chodzi o ukraińskiego reżysera Ołeha Sencowa i krymskiego aktywistę Ołeksandra Kolczenkę, obywateli Ukrainy, skazanych w Rosji odpowiednio na 20 i 10 lat kolonii karnej za przygotowywanie zamachów terrorystycznych na zaanektowanym przez Rosję Krymie. Sądzisz, że uda im się wrócić na Ukrainę?

Jestem o tym święcie przekonana. Wiem, że wszyscy Ukraińcy, którzy przetrzymywani są dziś w Rosji, wrócą kiedyś do domu. Innego wyjścia Putin nie ma, ale nie wszystko stanie się od razu.

# CZĘŚĆ II

# SPOTKANIE PRZY ŚLEDZIU

Na następną rozmowę z Nadią Sawczenko umawialiśmy się bardzo długo, bo aż około czterech miesięcy. W czasie, gdy próbowaliśmy ustalić termin kolejnego spotkania, złożyła niespodziewaną wizytę w Moskwie, co poważnie oburzyło opinię publiczną na Ukrainie.

Pojechała tam na posiedzenie Sądu Najwyższego, który w październiku 2016 roku rozpatrywał apelację od wyroków Stanisława Kłycha i Mykoły Karpiuka, dwóch Ukraińców, skazanych przez rosyjskie sądy na wieloletnie kary pozbawienia wolności.

Polska Agencja Prasowa przypominała wtedy z Moskwy, że według rosyjskich śledczych Kłych i Karpiuk jako członkowie nacjonalistycznej organizacji Ukraińskie Zgromadzenie Narodowe-Ukraińska Narodowa Samoobrona (UNA-UNSO) walczyli w latach 90. w Czeczenii i zabili co najmniej trzydziestu rosyjskich żołnierzy. W maju 2016 roku sąd w Czeczenii skazał Karpiuka na 22,5 roku kolonii karnej, a Kłycha - na 20 lat pozbawienia wolności.

Kłych i Karpiuk twierdzą, że zeznania, którymi ich obciążono, wymuszono na nich torturami. Obrońcy praw człowieka z rosyjskiego stowarzyszenia Memoriał uznali ich za więźniów politycznych.

Jako Ukrainka i deputowana do parlamentu musiałam udzielić tym chłopakom wsparcia - powiedziała mi Sawczenko.

Obecność Nadii na procesie nie wpłynęła na los jej rodaków; Sąd Najwyższy Federacji Rosyjskiej utrzymał ich wyroki w mocy.

W grudniu 2016 roku Sawczenko, ponownie nieoczekiwanie, spotkała się w stolicy Białorusi Mińsku z przywódcami separatystycznych republik w Donbasie, Ihorem Płotnickim i Ołeksandrem Zacharczenką. Rozmawiała z nimi o uwolnieniu przetrzymywanych przez separatystów jeńców.

Po tym zdarzeniu partia Batkiwszczyna ogłosiła, że usuwa ją ze swoich szeregów. Siostra Nadii, Wira, oświadczyła tymczasem, że Sawczenko wystąpiła z partii o wiele wcześniej.

Na Nadię spadają kolejne ataki. W mediach i w sieciach społecznościowych znów zaczynają pojawiać się oskarżenia o to, że jest agentką Kremla i że sprzedała się Moskwie. „Przyzwyczaiłam się już do tego. Nigdy nie zdradziłam narodu ukraińskiego" - odpowiada Sawczenko.

W styczniu 2017 roku spotykamy się z Nadią w moim kijowskim mieszkaniu. Umawiamy się, że przywiezie ją do mnie jej siostra. Podjeżdżają popularnym, małym modelem skody.

Tanio, jak na kogoś, kto miałby się sprzedać - myślę. Na Ukrainie tak się nie robi, bo tutaj nie ma „nie wypada". Jeśli zdobywasz wielkie pieniądze, a Kreml chyba płaci dobrze, nie ceregielisz się i od razu kupujesz range rovera.

Zanim włączę mikrofon, prosi mnie o kanapkę. Co za wstyd! W lodówce nie mam żadnych wędlin, jest tylko własnoręcznie przyrządzony śledź w oleju i cebuli, ser i chleb.

- Zjesz śledzia? - pytam. - Dawaj - odpowiada.

Chyba za długo moczyłem go w wodzie. Nadia prosi o sól i posypuje nią śledzia. Wracamy do rozmowy.

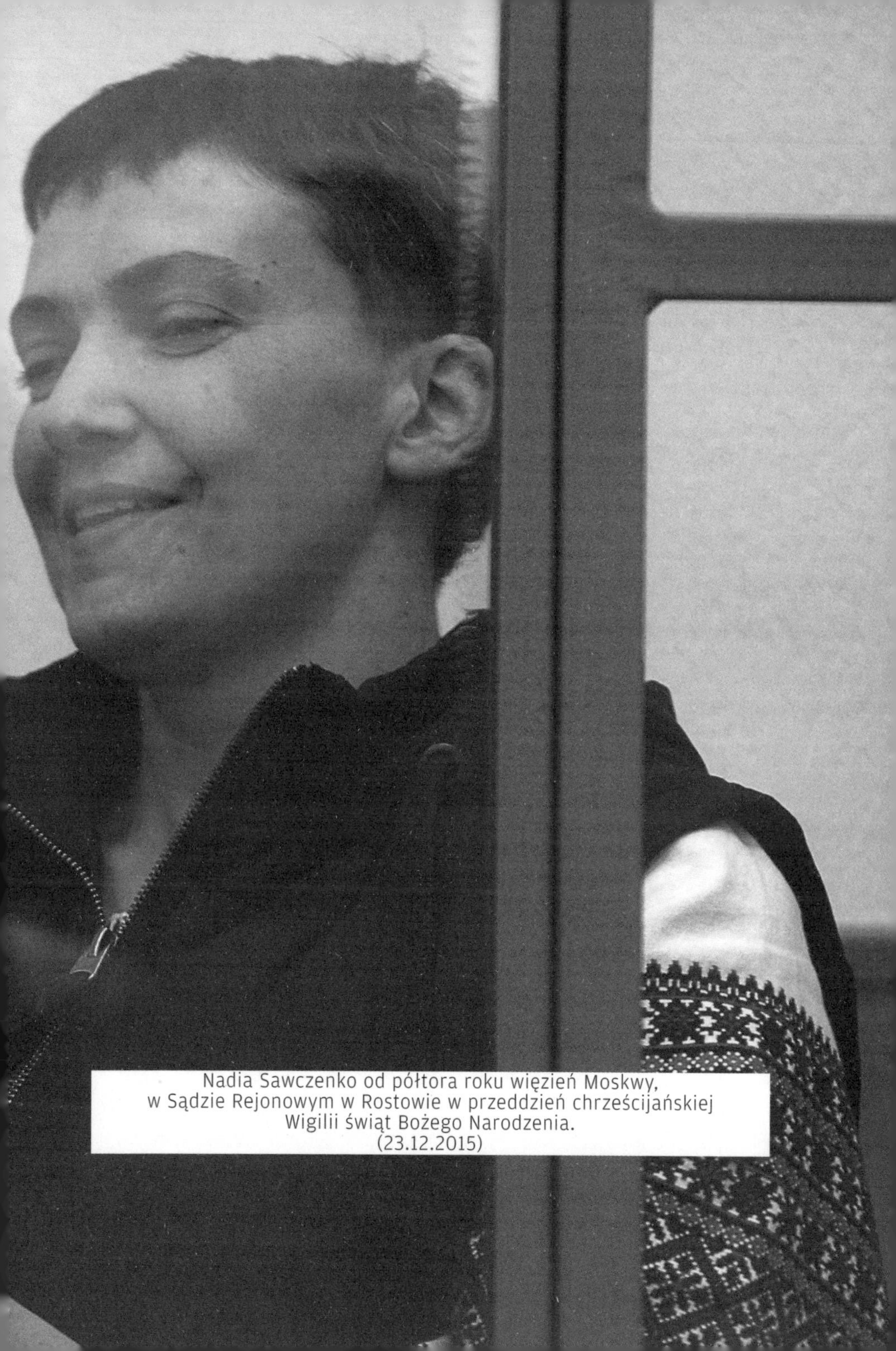

Nadia Sawczenko od półtora roku więzień Moskwy,
w Sądzie Rejonowym w Rostowie w przeddzień chrześcijańskiej
Wigilii świąt Bożego Narodzenia.
(23.12.2015)

# PROCES I WOLNOŚĆ

**Poprzednim razem skończyliśmy na twoim procesie, gdzie zostałaś oskarżona i w końcu skazana, za zabicie dwóch rosyjskich dziennikarzy.**

Wszystkie moje procesy sądowe, które toczyły się w Rosji, dzieliły się na dwie kategorie: rozprawy, podczas których przedłużano okres mojego aresztowania i rozprawy w sprawie mojego oskarżenia. Te ostatnie odbywały się w Rostowie nad Donem i w Doniecku w obwodzie rostowskim, tuż przy granicy z Ukrainą. Na rozprawy, na których rozpatrywano oskarżenie, mogli już przyjeżdżać ludzie, moja siostra, mama, przyjaciele, deputowani do ukraińskiego parlamentu, których było wówczas bardzo wielu, oraz dziennikarze. W sądzie zresztą była specjalna strefa dla prasy, dziennikarze cały czas relacjonowali proces w Internecie, przekazywali to, co mówiłam ja, co mówili adwokaci i to, co mówił sędzia.

**Dziś twoi przeciwnicy mają pretensje, że twój proces był otwarty dla mediów. Uważają, że może być to kolejny dowód tego, że byłaś jakoś specjalnie traktowana przez rosyjskie władze.**

Tak naprawdę w Rosji wszystkie procesy są otwarte dla mediów. Rosja przecież twierdzi, że jest państwem prawa, więc w większości przypadków dziennikarze są na nie wpuszczani. Inna sprawa, że nie na wszystkie procesy dziennikarze chcą jeździć. To wszystko zależy od ludzi. Jeśli w Rosji sądzony jest obywatel ukraiński, wszyscy Ukraińcy powinni być w sądzie. Organizacje społeczne, przedstawiciele władz, media. Trzeba robić wszystko, by o tych ludziach nie zapomniano. W moim przypadku największą rolę odegrała moja siostra Wira. To ona budziła społeczeństwo, chodziła i krzyczała o mnie cały czas. Dlatego też ten proces był ciekawy. Wiele zawdzięczam także adwokatom, którzy nie bali się wychodzić do mediów i przekazywać im informacje. Bo istnieją tacy adwokaci, którzy się boją. Oczywiście, że nie obyło się bez problemów. Rosjanie bardzo utrudniali nam życie. Nie pozwalali, na przykład, mojej siostrze na wjazd do Rosji. Kiedy już ją wpuścili, to nie było wiadomo, czy ją wypuszczą z powrotem. To nie było łatwe, ale nie należy się bać. Trzeba robić swoją sprawę. Ja sama nie bałam się powrócić do Rosji, kiedy trzeba było wesprzeć naszych chłopców w sądzie. Uważam, że mamy całe ministerstwo informacyjnej polityki, które powinno jeździć i pokazywać te procesy. Powinno tym też zajmować się Ministerstwo Spraw Zagranicznych.

Więc wróćmy jeszcze do samego procesu.

Jak to wyglądało?

Dla mnie było to znęcaniem się nad prawem. Sprawiedliwością tam nawet nie pachniało. Podobało mi się jednak, że w końcu zaczęłam widzieć ludzi, Ukraińców. Czas zaczął płynąć szybciej.

Masz takie znane zdjęcie, na którym widać cię w metalowej klatce, gdzie stoisz ubrana w koszulkę z herbem Ukrainy, tryzubem i coś wykrzykujesz.

Cały czas coś tam wykrzykiwałam. A koszulkę podarowała mi siostra, która przekazała ją do aresztu w paczce. Władze więzienne chyba początkowo nie zrozumiały, jaki symbol jest na tej koszulce. Kiedy w końcu to pojęli, nie mogli mi już tej koszulki odebrać. A ja ubierałam się w nią na wszystkie rozprawy, bo to dodawało mi siły. Podczas posiedzeń sądu stale coś krzyczałam, coś pisałam, starałam się rozmawiać z ludźmi, za co byłam cały czas upominana. Bo według rosyjskiego sądu powinnam siedzieć cicho w swojej klatce i słuchać. Mówiłam im, że skoro oni nie traktują mnie sprawiedliwie, to dlaczego ja mam się podporządkowywać ich prawu? To wasze prawo, dla Rosjan, a ja jestem Ukrainką, którą tutaj bezprawnie przetrzymujecie. Dlatego robiłam to, co mi się żywnie podobało. W Rosji przeprowadzane są takie akcje medialne, podczas których obywatele zadają pytania swojemu prezydentowi Putinowi. Robią to chyba raz do roku. No i jedna z takich akcji odbywała się w dniu, kiedy jechałam do sądu na rozprawę. Strażnicy, moi konwojenci, prosili, żebym przypadkiem czegoś na ten temat nie powiedziała, błagali mnie wręcz, żebym nie urządziła jakiejś prowokacji, bo oni zostaną za to pociągnięci do odpowiedzialności. Odnosili się do mnie po ludzku, więc obiecałam im, że będę cicho i się uspokoili. Ale później zaczęło mnie to korcić, myślałam sobie, że nie mogę w takiej chwili po prostu milczeć. Pytanie do Putina wypisałam na własnej koszulce i pojawiłam się w niej w sądzie. Spytałam Putina: kiedy w końcu wypuścisz Ukraińców z rosyjskich więzień?

Jak zareagował na to sąd?

Ja tego nie wykrzyczałam, po prostu miałam na sobie koszulkę z napisem o takiej treści. To moja sprawa, w co się ubieram. Zrozumiałe, że nikomu się to nie spodobało. Kiedy wróciłam do aresztu, koszulkę mi odebrano. Najpierw przyszli do celi i mówią, że mam ją oddać do prania, że ją wypiorą, a potem mi zwrócą. Stwierdziłam, że sama mogę ją sobie wyprać. Nie. Nie zgodzili się. W końcu koszulka została skonfiskowana. To powiedziałam im, że już nie muszą mi jej zwracać, bo wspaniale wypełniła swoje zadanie w sądzie. Ale nie. Wyprali ją, usunęli napis i oddali mi ją z powrotem. Strasznie się z tego śmiałam.

Przypominasz sobie jakieś inne swoje akcje z sądu? Rosjanom chyba nie podobało się, jak pokazywałaś sędziom wyprostowany palec w geście „fuck"?

Fuck nie był akcją, to był zew duszy, nie ma o czym mówić. Pamiętam, że jak siedziałam w tej klatce w sądzie, to narysowałam Ukrainkę. Ten obrazek krąży gdzieś po świecie. Pod rysunkiem dziewczyny w haftowanej koszuli, z wiankiem na głowie i koralami na szyi napisałam, że urodziłam się jako Ukrainka i że jako Ukrainka umrę. Rysowałam cały czas. Siostrę, psa, robiłam portrety konwojentów, którzy przywozili mnie do sądu. Gdy pokazywałam to w sądzie, krzyczano na mnie, żebym tego nie robiła. Na rozprawy przyjeżdżali dyplomaci z różnych krajów. Prosiłam więc adwokatów, by informowali mnie, z jakich. No i kiedy już siedzieliśmy w tym sądzie, pisałam podziękowania, które im pokazywałam: dziękuję ci Polsko, dziękuję ci Litwo, dziękuję Estonio. Dyplomaci czytali to, cieszyli się, robili zdjęcia. Były to takie ciche akcje, ale dzięki nim przynajmniej nie milczałam.

**To były zabawne momenty, ale podczas procesu były też pewnie chwile zwątpienia...**

Takich chwil było wiele. Dużo rzeczy mnie naprawdę szokowało. Cały ten proces był farsą, jednym wielkim kłamstwem. Pamiętam, jak jeden ze świadków otwarcie łgał, że kiedy separatyści mnie złapali, byłam pod wpływem narkotyków, że my, Ukraińcy, bandery, jak nazywają nas w Rosji, jesteśmy nafaszerowani jakimiś amerykańskimi sterydami i dlatego wszyscy jesteśmy zabójcami. Drugi taki przypadek to pokazane w sądzie nagranie wideo, na którym jakiś pop twierdził, że go pobiłam, chcąc go zabić i sprzedać jego organy, a ja tego człowieka w życiu na oczy nie widziałam! To nagranie widziałam wcześniej zresztą w rosyjskiej telewizji, ale nie sądziłam, że można posunąć się tak daleko, by takie kłamstwo wykorzystać w sądzie! Takich fałszywych gówien było więcej. Opowiadano, że wlazłam na wieżę telefonii komórkowej i strzelałam z niej z wyrzutnika granatów! Ręce opadały, kiedy się tego słuchało. Nie rozumiałam, jak sąd może takie rzeczy traktować jako poważne dowody? Było to tak cyniczne chamstwo, że nie mogłam się z tym pogodzić, tym bardziej, że widziałam, że sędziowie to doskonale rozumieją. Dlatego też w sądzie krzyczałam i sprzeciwiałam się temu ze wszystkich sił. Często miałam w związku z tym starcia z prokuratorami, którym mówiłam wprost, że otwarcie kłamią. Prokuratorów nie lubiłam. Aha, przypomniałam sobie, że narysowałam też raz sędziów jak trzy małpki siedzące za stołem oraz prokuratorów jako psa, trzygłowego cerbera. To także krąży gdzieś w Internecie.

W sądzie spotkałaś też ludzi, którzy stali za twoim porwaniem i wywiezieniem z Ukrainy do Rosji.

Tak, jednym ze świadków był Płotnicki. Rozprawa, na której występował, toczyła się za zamkniętymi drzwiami. Zamknięto dla niego cały sąd! Kiedy zeznawali inni świadkowie, takich rzeczy nie robiono. A tutaj przyjechał Płotnicki, szef niby-państwa, któremu grozi niebezpieczeństwo. Jakie niebezpieczeństwo? W Rosji? Ale muszę też powiedzieć, że Płotnicki był w jakimś stopniu w porządku. Zaprzeczył chociażby, że w chwili zatrzymania byłam pod wpływem narkotyków. Ale powiedział też jednocześnie, że zabiłam rosyjskich dziennikarzy i że powinnam za to odpowiedzieć. Powiedziałam mu: ty kłamco, przecież wiesz, że tego nie zrobiłam, bo złapaliście mnie wcześniej, niż ci dziennikarze zostali zabici! No, ale Płotnicki trzymał się linii, którą wyznaczyły rosyjskie władze.

Udało ci się porozmawiać z Płotnickim?

Tak, ale tylko podczas rozprawy. Mówiłam mu, że kłamie i że się nim brzydzę. Podziękowałam mu jednak za to, że wypuścił żołnierzy, którzy razem ze mną trafili do niewoli i nie zrobił im żadnej krzywdy.

Przypomniałam sobie jeszcze jedną bardzo śmieszną sytuację z sądu. To był po prostu cyrk. W procesie wezwany został świadek, który nie mógł przyjechać do Rostowa, bo mieszkał w Woronieżu. Zeznawał więc za pośrednictwem łącza wideo. Stał przed tą kamerą ubrany w perukę i ciemne okulary i przedstawiał się jako funkcjonariusz rosyjskiej Federalnej Służby Bezpieczeństwa. Mimo tego przebrania od razu go rozpoznałam. Rzeczywiście był tajniakiem FSB, ale podał sądowi nieprawdziwe nazwisko. Ja jego nazwisko znałam, bo widziałam go w grupie ludzi, którzy mnie wywieźli do Woroneża. Jego zeznanie miało tymczasem udowodnić, że nie zostałam porwana. Poznałam go, bo kiedy w 2014 roku zawieziono mnie do Woroneża, to pokazano mi tam cerkiew zbudowaną jeszcze przez cara Piotra I. I właśnie ten człowiek mi tę cerkiew pokazywał. Więc zwróciłam się do niego i powiedziałam, że dziękuję mu za to, że był taki miły i dzięki niemu zobaczyłam ten zabytek, a on na automacie odpowiedział: nie ma za co. Rozumiesz to? Niechcący potwierdził moją wersję! Sędziowie jednak znowu nie chcieli mnie słuchać.

Możesz opisać tego mężczyznę?
Jak zapamiętałaś go z tego łącza wideo?

Koleś był w tej peruce żałosny. Peruka była siwa, wyglądał jak stary Elvis Presley. Nawet nie jak Elvis, tylko jak ci, którzy go naśladują, jak jego karykatura. Cała sala się z tego śmiała. To pokazuje, na jakich kłamstwach i cynizmie stoi obecna Rosja. Na moim procesie dochodziło do wielu rzeczy, przez które ten sąd stał się pośmiewiskiem dla całego świata. To pokazuje, że w Rosji nie ma sprawiedliwych sądów. Rosyjskie procesy można by pokazywać zachodnim politykom.

**22 marca 2016 roku sąd ogłosił w końcu wyrok w twojej sprawie...**

Wiedziałam już o wiele wcześniej, jaki werdykt usłyszę. Wiedziałam, że maksymalnie mogą skazać mnie na 25 lat więzienia i o taką karę występowali zresztą prokuratorzy. A propos, główny prokurator był z Moskwy. Przyjechał tylko na początek procesu i jeszcze jeden raz, kiedy odczytywano mi wyrok. Na początku mojej sprawy był jeszcze majorem, a na koniec już podpułkownikiem. Dostał za mnie jedną gwiazdkę! Werdykt sędziów nie wywołał u mnie żadnych emocji. Wszyscy oczekiwali na moją reakcję, wszyscy patrzyli, jaka będzie reakcja mojej siostry. My wiedziałyśmy, że prokuratura będzie domagała się najwyższego wyroku, a sąd się do tego przychyli, choć pewnie trochę go złagodzi. Oburzyło mnie coś innego. Zdenerwowałam się, kiedy oświadczyli, że za to, że bezprawnie przekroczyłam granicę z Rosją, powinnam im zapłacić grzywnę w wysokości chyba 100 tysięcy rubli. Spytałam ich, czy przypadkiem nie zwariowali? Za co mam wam płacić? Za benzynę? Za ochronę? To już była gruba przesada, bo przecież zostałam porwana i wywieziona do Rosji nie z własnej woli! Sąd zorientował się, że to rzeczywiście brednia, ale nie odstąpił od tej grzywny, tylko zmniejszył ją do symbolicznych 30 tysięcy. Ostatecznie dostałam 22 lata kolonii karnej. Przyjęłam to spokojnie. Dziennikarze rosyjscy, którzy oczekiwali, że wpadnę w histerię, byli rozczarowani. Doskonale wiedziałam, że nie spędzę w Rosji 22 lat. Byłam już przygotowana do głodówki, która przyspieszyłaby mój powrót do kraju. Nie myślałam o żadnej apelacji, bo to oznaczało, że nadal będę siedziała i po prostu czekała. Adwokaci przekonywali mnie, że apelacja jest konieczna, żeby potem móc zwrócić się do Trybunału w Strasburgu, ale wyjaśniłam im, że się na to nie zgodzę. Na rozprawę apelacyjną można czekać półtora roku, potem na kasację jeszcze pięć lat. Powiedziałam, że wyjdę stamtąd tak, jak sama będę chciała. Dla adwokatów było to niezrozumiałe, bo chcieli działać swoimi metodami tak, jak przewidują to procedury prawne. Uświadomiłam im, że moje życie to nie są żadne procedury, że jest to przede wszystkim moje życie. Rozumiem, że chcecie pokazać się z jak najlepszej strony, ale dla mnie życie w niewoli nie wchodzi w rachubę. Dlatego jeśli chcecie, żebym zmarła w oczekiwaniu na wasze kasacje, to wasza sprawa, ale przecież wy chcecie mnie stąd wyciągnąć, a nie tylko powiedzieć: posadzą cię, ale siedzieć nie będziesz. A w jaki sposób nie będę siedziała? Może zdarzy się jakiś cud? Więc powiedziałam im, że dokonam tego cudu samodzielnie, a wy idźcie do diabła. Tego cudu dokonywała moja siostra i wszyscy ludzie, którzy pomagali jej na całym świecie. W końcu mnie wyciągnęli. Wielu ludzi godzi się na kasacje, apelacje, sądzą się, czekają, ale ich też wypuszczą, nie odbędą całego wyroku. Wyrwiemy naszych chłopaków wcześniej czy później, ale spędzą w więzieniu więcej czasu ode mnie, bo zdecydowali, że będą walczyli właśnie w taki sposób.

Co było po ogłoszeniu wyroku?

Wróciłam do aresztu i zaczął się dla mnie bardzo niebezpieczny, ryzykowny okres. Po pierwsze, nie mogłam się więcej z nikim widzieć, bo byłam już skazaną i nie miałam prawa do widzeń z bliskimi. Widzenie przysługiwało mi tylko raz na pół roku. Nie mogłam spotykać się z konsulami, mogłam jedynie widzieć adwokatów. Konsulowie jednak jakoś się do mnie raz dostali, otrzymali pozwolenie na widzenie, a adwokaci przychodzili, jednak znacznie rzadziej niż przed i podczas procesu. Oni zresztą mieli na głowie sprawy innych Ukraińców w Rosji, a ja zrozumiałam, że zrobili dla mnie, co tylko mogli i teraz potrzebni są komuś innemu. Rozumiałam także, że w każdej chwili mogli mnie wywieźć na tak zwany etap, czyli do kolonii karnej. A ja nie miałam zamiaru nigdzie jechać. Od razu uprzedziłam władze penitencjarne, że przy jakiejkolwiek próbie wysłania mnie dokądkolwiek żywa z celi nie wyjdę. Oni to rozumieli, dlatego cały czas bardzo uważnie mnie obserwowali. W związku z tym, że cały czas prowadziłam głodówkę, nie pozwalano mi spać, kazano się ruszać, żebym utrzymywała przepływ krwi. Siedziałam w tym więzieniu i czekałam. Nie miałam pojęcia, kiedy mogę odzyskać wolność. Strażnicy cały czas mówili mi, że wszystko będzie dobrze, że wrócisz do domu, ale nie wiedziałam, kiedy to nastąpi. Wiedziałam też, że jeśli wyprowadzą mnie z celi, to nie mam pewności, czy na pewno wyjadę z Rosji.

W końcu jednak ta chwila nadeszła.

Pewnego dnia, o trzeciej godzinie w nocy, do mojej celi wchodzi naczelnik aresztu i mówi: zbieraj rzeczy, wyjeżdżasz. Pytam: dokąd mnie wieziecie? Jedziesz do domu – odpowiada. Nie wierzę, mów, dokąd mnie wywozicie? Uspokoił mnie, że wszystko jest w porządku, że naprawdę wracam na Ukrainę. Wzięłam rzeczy i o siódmej rano byłam na lotnisku. Wiedziałam, że przyjechałam na lotnisko, mimo że wieziono mnie tam w stakanie.

W czym cię wieziono?

No, w kubku. Jest to taki samochód więzienny z bardzo wąską przestrzenią w środku, z taką celą, w której człowiek może jedynie siedzieć. Nie może wstać, nie może się schylić, ot, siedzi i jedzie ze zgiętymi kolanami i z pochyloną głową. Jechałam tym samym samochodem, którym w dwa tysiące czternastym roku wywożono mnie do Rosji. Poznałam go i zrozumiałam, że nie jest to jakiś daleki etap w głąb Rosji, bo wtedy byłby to inny pojazd i odwieziono by mnie na dworzec kolejowy. Chociaż na Syberię mogliby mnie równie dobrze wywieźć samolotem.

I tak dotarłaś na lotnisko w Rostowie.

Zorientowałam się, że jestem na lotnisku, po dźwiękach. Siedziałam w tym kubku i czekałam nie wiadomo na co całe pięć godzin. Dali mi pięciolitrową butelkę plastykową, która była w tej ciemnej norze moją toaletą. Siedziałam tak długo, że aż mi nogi zdrętwiały. Kiedy mnie wyprowadzono z samochodu, najpierw zobaczyłam oślepiające słońce, a potem samolot w niebiesko-żółtych barwach. Zrozumiałam, że lecę na Ukrainę. Byłam wtedy chyba najbardziej szczęśliwym człowiekiem na świecie.

Był to samolot przysłany przez prezydenta Poroszenkę.

Tak, była to niewielka maszyna, chyba Antonow. Przed trapem czekał na mnie rzecznik prezydenta Poroszenki, Swiatosław Cehołko i wiceprzewodnicząca ukraińskiego parlamentu Iryna Heraszczenko. Uśmiechnięci i radośni.

Nie, musisz opowiedzieć to jeszcze raz.
Siedzisz w tym stakanie, otwierają się drzwi i...

I widzę słońce. Było to w maju, późna wiosna, a praktycznie już lato, dzieci kończą szkołę, wszystkim jest ciepło i dobrze. Miałam na sobie zimowe buty, innych butów nie miałam, pozostałe rzeczy zostawiłam w areszcie. Kiedy zrozumiałam, że wyjeżdżam, postanowiłam, że wszystkie ubrania pozostawię innym więźniom. Taki panuje tam zwyczaj. Wzięłam najbardziej znoszone rzeczy, koszulkę na krótki rękaw z tryzubem, jakąś bluzkę, dżinsy i te buty. Było mi w nich bardzo gorąco. Wyszłam, zobaczyłam ten samolot i zdjęłam buty. Doprowadzili mnie do trapu, stali przy nim nasi ze Służby Bezpieczeństwa Ukrainy, którzy podpisywali jakieś papiery z Federalną Służbą Bezpieczeństwa. Tam byłam już bez kajdanek.

Jak powitano cię na pokładzie samolotu?

Weszłam do środka i rzucił się na mnie cały tłum. Jakieś kwiaty, powitania, dziennikarze, dużo słów, że tak bardzo na mnie czekali, że taką jestem bohaterką, że strasznie mnie lubią i kochają. To było dla mnie dziwne, bo nie zobaczyłam nikogo z bliskich, nie widziałam ani siostry, ani mamy. Nie wiedziałam też, kim są ci ludzie, ani o co im chodzi. Zaczęło się gadanie o polityce, o mojej przyszłości politycznej, a ja słuchałam tych głupot, słuchałam, zdjęłam z nóg te moje ciężkie, zimowe buty i w końcu zapytałam: macie może coś do wypicia? Tak, tak, mamy, mamy, mówili, ale na Ukrainie czeka na ciebie prezydent, będzie oficjalne powitanie, medal dostaniesz, takie pieprzenie trzy po trzy. Powtarzam: jest co wypić? Postawili więc flaszkę, nalali po małym kieliszeczku, przechyliliśmy, stewardessy przygotowały jakieś kanapki, oni znowu swoje, znów o polityce, a ja wzięłam butelkę, przechyliłam, wzięłam łyka, odwróciłam się i poszłam do kabiny pilotów.

Piloci przyjęli cię jak profesjonalistkę? Jesteś w końcu lotniczką...

Chyba tak. Przyszłam, przywitałam się, powiedzieli siadaj, usiadłam na miejscu nawigatora i spędziłam tam cały lot. Nie mogłam w to uwierzyć. Zauważyłam, że zmieniliśmy kurs, że nie lecimy na Ukrainę najkrótszą trasą, bo omijamy tak zwaną ATO, strefę operacji przeciwko separatystom w Donbasie. Z Rostowa do Kijowa jest inna droga, o wiele krótsza, prowadzi przez obwód doniecki i ługański, no ale tam trwa wojna i nie można tamtędy latać. Nie, będziemy szli przez Charków, tak mi tłumaczyli.

Nie kusiło cię, żeby siąść za sterami, przypomnieć sobie, jak sama latałaś?

Nie, nawet o to nie poprosiłam, bo wydawało mi się, że wielu rzeczy już nie pamiętałam, a poza tym byłam w ogromnym stresie, a w takim stanie nie można podejmować się takich rzeczy jak prowadzenie samolotu, szczególnie że był to pasażerski rejs międzynarodowy. Oni, piloci, zresztą mi tego nawet nie proponowali. Siedziałam tam i po prostu patrzyłam. Na przyrządy i na ziemię. I raptem zobaczyłam, że przelecieliśmy przez granicę! Zrozumiałam to, bo uczyłam się latania w obwodzie charkowskim. Pamiętałam te strefy lotnicze w okolicach miasta Czuhujiw, pamiętam, jak to wygląda z wysokości, widziałam to, jak na mapie, wiedziałam, gdzie znajdują się wioski, gdzie lasy i drogi. I kiedy doszło do mnie, że jesteśmy już na Ukrainie, z radości zaczęłam krzyczeć i śmiać się, uff, jesteśmy w domu, przelecieliśmy granicę! Lecąc wcześniej nad Rosją, nie widziałam niczego znajomego, po prostu nie znałam tych miejsc, bo nigdy nad nimi nie latałam. A Ukrainę znałam, wiedziałam, jak lecimy, jakimi korytarzami, bo znałam przecież praktycznie całą ukraińską przestrzeń powietrzną. Ta ziemia na dole była mi tak bliska, tak miła. Śledziłam kurs samolotu, odchylenia i w końcu doszłam do siebie. I kiedy samolot już wylądował, wyszłam z niego i po prostu padłam na ziemię. Tak chciało mi się poleżeć na tej ukraińskiej ziemi, chociaż do prawdziwej ziemi było daleko, bo na lotnisku jest sam beton. Ale ja lubię ten poplamiony beton, specjalny beton lotniczy, który pachnie tak specjalnie paloną gumą i paliwem lotniczym. Położyłam się i wąchałam. Odwróciłam się na plecy, spojrzałam na niebo. Na Ukrainie niebo jest intensywnie błękitne, w jakiś szczególny sposób, tak dawno tego błękitu nie widziałam... Byłam taka zadowolona, tak zrelaksowana i chyba dopiero wtedy odczułam, że naprawdę jestem wolna.

Jest taka słynna scena, jak wychodzisz z samolotu, otaczają cię dziennikarze z mikrofonami i kamerami, a ty zaczynasz na nich krzyczeć, żeby się od ciebie odsunęli, żeby dali ci przestrzeń.

To nie było od razu po wyjściu z samolotu, bo dziennikarzy do samolotu, na pas lotniska, nie dopuścili. Obok samolotu czekał na mnie samochód, wsiedliśmy do niego i podjechaliśmy do dziennikarzy, którzy oczekiwali przy terminalu. Pamiętam jednak, że wcześniej, jeszcze w samolocie, długo trwały dyskusje, na którym lotnisku będziemy lądowali, czy w Boryspolu pod Kijowem, czy na Żulanach, na lotnisku, które znajduje się w mieście. Poprosiłam Irynę Heraszczenko, żeby ktoś wykręcił numer telefonu mojej siostry. Ona mi na to: zadzwoń może najpierw do mamy, na pewno bardzo się za tobą stęskniła, pewnie bardzo chce cię usłyszeć. Powtórzyłam, żeby zadzwonili do siostry. A ona znowu: zadzwoń do mamy. Zdenerwowałam się; słuchajcie, czy ja nadal jestem w niewoli, czy jestem już na wolności? Dzwońcie do siostry! W końcu zadzwonili i Wira powiedziała: Nadiu, oni chcą cię ukryć. Ludzie czekają na ciebie na lotnisku w Boryspolu, ale oni nie chcą im ciebie pokazać, bo chcą, żebyś najpierw pojechała do prezydenta. Zapytałam Wirę, gdzie jest. Odpowiedziała, że razem ze wszystkimi, w Boryspolu. Poszłam więc do pilotów i poprosiłam, żeby wylądowali w Boryspolu. Ludzie ze Służby Bezpieczeństwa Ukrainy zaczęli gdzieś dzwonić i poinformowali mnie, że Boryspol nie daje nam pasa, że lotnisko jest przepełnione i że musimy lecieć na Żulany. Odwróciłam się do pilotów i cicho powiedziałam: pas wojskowy. No i piloci cichutko i spokojnie wylądowali na wojskowym pasie w Boryspolu. Ludzie od prezydenta byli zdenerwowani, ale stało się tak, jak chciałam. Piloci tego samolotu to byli wojskowi, moi koledzy po fachu. Każdy lotnik cywilny na Ukrainie latał wcześniej w lotnictwie wojskowym, dlatego rozumieliśmy się niemal bez słów.

Wracamy więc do tego słynnego powitania z dziennikarzami.

Po wyjściu z samolotu wsiedliśmy do podstawionego samochodu i powiedziano mi, że jedziemy do administracji prezydenta. Wira uprzedziła mnie, że nie będą chcieli, żebym spotkała się najpierw z ludźmi i dziennikarzami, którzy na mnie czekają, ale poprosiłam, żebyśmy jednak do nich podjechali. Nie, nie, jedźmy do prezydenta, tam również będą dziennikarze, nie traćmy czasu – próbowali mnie przekonywać. Nie, odpowiedziałam. Jedziemy tam, gdzie są ludzie, bo w przeciwnym razie wychodzę z samochodu. I to się bardzo ludziom od prezydenta nie spodobało. Zrozumieli, że nie da się mną sterować. Że mimo to, że dopiero wyszłam z więzienia, że jestem po głodówce i po tym wszystkim, to wciąż mam siłę, żeby samemu decydować, co chcę robić. Jedziemy do ludzi – zakomenderowałam.

Jak wspominasz to, jak cię powitano?

Widziałem to w telewizji, nie wyglądałaś najlepiej.

To było straszne. Oni się na mnie dosłownie rzucili. Ci ludzie nie rozumieli i pewnie nigdy już nie zrozumieją, jak to jest siedzieć całe dwa lata w pojedynczej celi, że odzwyczajasz się od obecności innych, że byłeś w klatce. Wychodzisz z tej klatki, a oni ruszają na ciebie z każdej strony, pchają się, wyciągają ręce, duszą. Zrozumiałam, że jeśli teraz nie okażę siły, żeby ich od siebie odepchnąć, to potem przez całe życie będę się ich bała, że będę przed nimi uciekać, chodzić w towarzystwie ochroniarzy, poruszać się samochodami, że będą mnie prowadzali pod parasolką, będę zakładać peruki i okulary, jak gwiazdy telewizyjne, i nie będę miała własnej przestrzeni. Że nie będę mogła nigdy więcej przejść się po mojej dzielnicy, nie pójdę sama do sklepu. Dlatego od razu wszystkich odepchnęłam, powiedziałam, żeby odeszli i dali mi przestrzeń. Wszyscy zrozumieli, kiedy powiedziałam, że nie można mnie dotykać, zrozumieli, że nie lubię kwiatów, więc mi ich nie dawajcie, nie trzeba dla mnie zabijać żywej rośliny. Porozmawiałam jednak z nimi, porobili mi zdjęcia, ale ludzie prezydenta wciąż nas poganiali: jedziemy, jedziemy. Więc znowu do samochodu, ale Wira mówi mi, że jeszcze chce mnie zobaczyć Batkiwszczyna. Rozglądam się, nikogo nie widzę, ale Wira mi ich pokazała. Podeszłam więc do nich, co również bardzo się tym od prezydenta nie spodobało, bo jak to, że najpierw spotkam się z Julią Tymoszenko, a dopiero później z Poroszenką? Podchodzę do Tymoszenko, podaję jej rękę, ona pyta, czy może mnie objąć, ja odpowiadam, że nie. Powinna była to zrozumieć, przecież też siedziała w więzieniu. Nie pozwoliłam jej na objęcia, ja własnej siostry nie potrafiłam objąć, a co dopiero jakaś w sumie obca dla mnie kobieta.

To było wasze pierwsze spotkanie,
czy widywałyście się już wcześniej?

Nie, spotykałam ją już wcześniej, na jakichś akcjach, chyba jeszcze w tysiąc dziewięćset dziewięćdziesiątym ósmym roku, ale nie byłyśmy znajomymi. No, ale w więzieniu pisała do mnie listy, ja na nie odpowiadałam, więc można byłoby powiedzieć, że w jakimś sensie się znałyśmy. Dlatego grzecznie się z nią przywitałam, poznałam całą jej ekipę i wciąż poganiani przez ludzi prezydenta pojechaliśmy do jego siedziby.

Jak Tymoszenko na ciebie zareagowała?
Nie jest chyba człowiekiem, któremu się odmawia
choćby objęć...

Nie mogę powiedzieć, czy była rozczarowana, ale zareagowała na to normalnie. Powiedziała, że dobrze, że rozumie, w jakim mogę być stanie. Nie znam jej na tyle, żeby ocenić, co wtedy odczuwała. Nie dała po sobie poznać, że jest niezadowolona.

W końcu pojechaliście do prezydenta Poroszenki.

Nie miałam się nawet w co przebrać, bo nie przywieziono mi żadnych ubrań i chyba unosił się jeszcze wokół mnie więzienny duch i zapach. Przyjechaliśmy do administracji prezydenckiej, zaprowadzono mnie do pięknej sali, kwiatów mi tam już nie wręczano, bo najprawdopodobniej uprzedzono już prezydenta, że kwiatów nie lubię. Poroszenko wszedł jednak z ogromnym bukietem, który, dzięki bogu, przyniósł nie dla mnie, a dla mojej mamy.

No właśnie, nie mówiłaś, w którym momencie zobaczyłaś mamę.

Mama pojawiła się, kiedy podjechaliśmy na lotnisku do dziennikarzy. Nawet nie pamiętam, kiedy ją zobaczyłam. Wiem, że wsiadła z nami do samochodu, który wiózł nas do prezydenta. Wszyscy pytają o powitanie z Tymoszenką i Poroszenką, dziennikarze nie interesują się, kiedy zobaczyłam najbliższych, czy objęłam ich, czy nie. Ja już tego nie pamiętam.

W pałacu prezydenckim urządzono na twoją cześć ogromną uroczystość i wręczono ci medal Bohatera Ukrainy.

Zobaczyłam tam, po pierwsze, ludzi w mundurach wojskowych. Postawili ich tam na moje powitanie, czyli, jak to się mówi u nas w wojsku, przygnali. Zwróciłam uwagę na te mundury, bo były zupełnie inne od tych, które zapamiętałam ze swojej służby. Zaskoczyło mnie to, bo mundury były już nowoczesne, na wzór zachodni, z pikselami. Powiedzieli mi, że ci wojskowi to mój pułk lotniczy i batalion Ajdar, w którym walczyłam na wschodzie. Żadnego z nich w pierwszej chwili nie rozpoznałam. Dopiero pod koniec, po przemówieniach, poznałam jednego z lotników z mojej jednostki i przypomniałam sobie, że muszę przecież jeszcze postawić wódkę na odchodne. Jest taka tradycja, że kiedy przechodzisz z jednostki do jednostki, albo się zwalniasz, robisz imprezę pożegnalną. A ja jej nie zrobiłam. Podeszłam do niego i powiedziałam, że jestem im dłużna wódkę. Odpowiedział, że napijemy się, jak już dojdę do siebie. Nie rozpoznałam też nikogo z Ajdaru, widocznie nie służyłam z nimi, pewnie przyszli do batalionu później, po moim porwaniu. Ale wszystko wyszło bardzo dobrze, jakieś przemówienia, wręczono mi złotą gwiazdę Bohatera Ukrainy i to wszystko. Teraz, kiedy oglądam nagrania z tej uroczystości, widzę, jak źle tam wyglądałam. Stoję taka spięta, garbata, jedno ramię wyżej, drugie niżej, to efekt tego, że mało się poruszasz, dopiero dziś zdaję sobie sprawę z tego, jak więzienie wpłynęło na moje ciało.

**Miałaś też prywatną rozmowę z prezydentem Poroszenką?**

Chyba jeszcze przed tą oficjalną uroczystością. Spotkaliśmy się w jakimś gabinecie, za okrągłym stołem, gdzie siedziała mama, Wira, Poroszenko, Cehołko i ktoś tam jeszcze z ich administracji. Prezydent mówił, że cieszy się z mojej wolności, był trochę poddenerwowany, a może poruszony. Podziękowałam mu za zaangażowanie w moje uwolnienie, ale też poprosiłam, żeby nie zapominał, że jeszcze wielu chłopców pozostaje w niewoli i trzeba pracować nad ich powrotem do ojczyzny.

**Jak oceniałaś polityków, których w tym czasie spotykałaś? Nie miałaś wrażenia, że chcą cię wykorzystać do własnych celów?**

Ja nigdy nie odnosiłam się do przedstawicieli władzy z jakimś ogromnym szacunkiem czy zachwytem. Prezydenci, premierzy, jakieś gwiazdy, to wszystko zawsze było mi obojętne. Prezydent to prezydent. Dziś jeden – jutro drugi. Przed politykami ostrzegano mnie wcześniej. Nigdy nie zastanawiałam się jednak nad tym, że czegoś mogą ode mnie oczekiwać, czegoś chcieć. Doskonale natomiast wiedziałam, że będę robiła to, co uważam za stosowne i tak, jak sama chcę. W tym momencie marzyłam tylko o tym, aby w końcu pojechać do domu, wykąpać się, przebrać, zapomnieć o tym koszmarze więziennym, porozmawiać z rodziną. Tak, wszyscy ciepło mnie wtedy przyjmowali, ale przecież miałam wówczas wysokie notowania w rankingach. Takie rankingi miewają tylko martwi bohaterowie, a tutaj powrócił żywy. To wszystko jest zrozumiałe, bo taka jest polityka. Wtedy jeszcze tak głęboko tego nie rozumiałam, ale to nie znaczy, że czymś się rozczarowałam. Wiedziałam o tym. To jest tak jak wtedy, gdy pytają mnie, czy wierzę w Boga. Ja w niego nie wierzę, ja wierzę, że on jest.

ВОЛЮ
НАДІЇ
САВЧЕНКО
ОДНА ЗА ВСІХ! І ВСІ ЗА ОДНУ!

Wiceprezydent Stanów Zjednoczonych Joe Biden w kijowskim parlamencie przemawia na mównicy,na której wisi plakat: „Wolność Nadieżdy Sawczenko. Jeden za wszystkich, wszyscy za jednego". Joe Biden, odnosząc się do jej zatrzymania, skrytykował Rosję i zapewnił o wsparciu, jakie ma ukraińska pilot i dążący do jej uwolnienia ukraiński rząd w USA i całej Europie.
(8.12.2015)

# POWRÓT DO DOMU

Powrót do domu był dla ciebie ulgą?

Podjechaliśmy pod nasz blok, gdzie także była masa dziennikarzy. Ale byli też sąsiedzi, jacyś ludzie z domów obok. Wyszliśmy z samochodu, znowu kwiaty, ja ponownie odmawiam ich przyjęcia, ale było już spokojniej. Dziennikarze zaczęli zadawać pytania i któryś z nich mówi, że chcą wejść do mojego mieszkania. Mówię, że nie, że nikogo nie zapraszam. A oni zdziwieni, że jak to tak? Słuchajcie, mówię, mama mnie od dzieciństwa uczyła, żeby obcym wujkom nie otwierać drzwi, dlaczego miałabym was zapraszać? Odczepili się. Weszliśmy do domu, zamknęłam drzwi i w końcu mogłam swobodnie odetchnąć. Pierwsze, co tam zrobiłam, to poszłam do łazienki, żeby zmyć z siebie więzienie.

Co rodzina przygotowała ci na powitanie?
Co było na stole?

Barszcz. Prosiłam mamę o barszcz. Stał tam na stole, gęsty, czerwony, z czarnym chlebem, z czosnkiem. Barszcz jest dla Ukraińców życiem. W barszczu jest wszystko. Mama robi go z fasolą, cebulą, marchwią i buraczkami w śmietanie. To daje mu taki mlecznoczerwony kolor. Na barszczu, pod warunkiem że nie będzie to barszcz więzienny, można przeżyć całe życie. Bo to, co nazywano barszczem w więzieniu, było kiszoną kapustą z pokrojonymi, a raczej porąbanymi siekierą burakami. Wrzodów żołądka można się było od tego nabawić. Ale ten domowy, na żeberkach, mogłabym jeść całe życie. A wieczorem przyszli w gości najbliżsi znajomi, przyjaciółki. Siedziałyśmy i gadałyśmy do samego rana. Opowiadałam im wesołe historie z więzienia, przygody Nadii w Rosji, a te, zamiast się śmiać, płakały.

Wydaje mi się, że ty chyba w ogóle nie płaczesz.

Nie wiem, z jakiego powodu miałabym to robić. Są dziewczyny bardzo delikatne, które wszystko przeżywają, martwią się. Ludzie mają różne reakcje na różne sprawy. Jeśli mam płakać z żalu nad sobą, to jest to bez sensu. Jeśli płakać, że nie możesz komuś pomóc, że kogoś zabito, że zginęło zwierzątko, to przechodziłam przez to w dzieciństwie. Ryczałam w dzieciństwie non stop, cały czas kogoś mi było szkoda, wszystkim się przejmowałam, płakałam nad żebrzącymi babciami, pytałam mamy, dlaczego to jest takie niesprawiedliwe, że one nie mają pieniędzy, mama wyjaśniała, że tak jest właśnie świat zbudowany, a ja wyłam i nie mogłam się uspokoić. A później zrozumiałam, że trzeba coś robić, żeby to zmienić, płacz w niczym nie pomoże, więc już nie płaczę.

W twoim życiu cały czas obecna jest mama i siostra Wira. Ojciec zmarł, kiedy byłaś studentką.

Byłam już dorosła, miałam 22 lata. Nasz ojciec był bardzo silnym człowiekiem i trzymał się do końca. Cierpiał na wysokie ciśnienie, cały czas brał tabletki, ale mimo choroby, będąc już na emeryturze, ciągle pracował. Przed budynkiem, w którym pracował, sadził choinki i róże. Bardzo lubił te róże. Do szpitala trafił z pracy. Zabrało go pogotowie. Dyżurowałyśmy przy nim z mamą przez dwadzieścia cztery godziny na dobę. Uczyłam się wtedy zaocznie na dziennikarstwie i jednocześnie pracowałam. Siedząc w jego nogach, pisałam w tym szpitalu pracę dyplomową. Byłam przy nim, kiedy umierał.

Mówiłaś, że ojciec był bardzo silnym człowiekiem. Twoja mama również nie wygląda na słabą osobę. Które z nich miało większy wpływ na twoje dorastanie?

Sądzę, że oboje byli bardzo silni. Cały czas się kłócili, ale nie były to awantury, a raczej walka o równouprawnienie. Mama była – i nadal jest – bardziej gadatliwa, ciągle opowiadała nam jakieś historie, mówiła i pouczała. Ojciec był bardziej milczący i bardzo lubił czytać. Kiedy czytał, a my do niego przychodziłyśmy, najpierw przerywał, a potem zaczynał nam czytać na głos. Bardzo lubił historię. Czytał nam dużo o historii Ukrainy. Dużo nie mówił, ale wiele robił, był bardzo aktywny. Kiedy trzeba było coś zrobić, to wstawał i to robił. Odrabiał też z nami lekcje. Rodzice mieli chyba równy wpływ na nasz rozwój, bo inaczej nie wyrosłyby z nas takie ziółka.

Nie da się nie zauważyć, że cały czas posługujesz się językiem ukraińskim. W Kijowie, gdzie na ulicach słychać przeważnie rosyjski, jest to co najmniej niezwykłe.

To chyba wynik tego, że mamy w swojej rodzinie – jak to nazywam – przepuszczone jedno pokolenie. A może dwa. Moi rodzice późno się pobrali, a my byłyśmy późnymi dziećmi i uważnie się nami opiekowano. Ojciec ożenił się w wieku pięćdziesięciu jeden lat, a matka wyszła za niego, mając czterdzieści dwa lata. A do Kijowa przyjechali w czasach, gdy mówiło się tu jeszcze po ukraińsku. Ojciec pochodzi z obwodu kijowskiego, a mama z żytomierskiego. Rusyfikacja zaczęła się dopiero później, więc posługiwanie się swoim własnym językiem było dla nich naturalne, nie poddali się językowi rosyjskiemu. Wyrastałyśmy w języku ukraińskim. Ojciec, który był głównym inżynierem w swoim przedsiębiorstwie, znał, oczywiście rosyjski. Nie mógł go nie znać, tym bardziej że jeździł w delegacje po całym ZSRR i był to język powszechnej komunikacji. Ale w domu zarówno mama, jak i tata, używali tylko języka ukraińskiego. Kiedy dostaliśmy mieszkanie w dzielnicy Trojeszczyna, rodzice od razu znaleźli dla nas ukraińską szkołę i oddali nas do niej. Nigdy nie uczyłyśmy się rosyjskiego. Nie znałam tego języka gdzieś do szóstej klasy. Rozumiałam go, ale miałam problemy z wymową. Nauczycielka języka i literatury rosyjskiej zachęcała mnie: Nadiu, rosyjski jest taki piękny, taki miękki, no naucz się go w końcu, a ja nie mogłam się go nauczyć w żaden sposób. I dopiero kiedy pojechałam na kolonie, na których były przeważnie rosyjskojęzyczne dzieci, pomyślałam sobie: dobrze, spróbuję. Słuchałam, osłuchiwałam się, zaczęłam łapać akcent, a jak wróciłam z tych wakacji, to już umiałam mówić. Nauczycielka odetchnęła z ulgą: chwała Bogu, a ja, jak się go nauczyłam, tak i zapomniałam. Rosyjski nie był mi potrzebny. Zawsze dziwiło mnie to podejście Ukraińców do rosyjskiego.

Na czym polegało to podejście? Co cię dziwiło?

Dzieci w mojej klasie rozmawiały między sobą po ukraińsku. Rosyjskojęzyczni uczniowie zaczęli pojawiać się dopiero pod koniec szkoły, gdzieś w dziewiątej klasie. Więc rozmawialiśmy po ukraińsku, ale kiedy wychodziliśmy do sklepu, to dzieciaki pytały o cenę czekoladki po rosyjsku. Zastanawiałam się, dlaczego nie pytają o to po ukraińsku, dlaczego zachowujemy się, jakbyśmy mieli poczucie niższości? Byłam niedawno na przyjęciu w litewskiej ambasadzie, z okazji dnia ich niepodległości. U nich też był czas, kiedy na ulice wyjechały rosyjskie czołgi. Litwini się nie dali i co roku, wspominając te wydarzenia, rozpalają ogniska. Wtedy, gdy walczyli o niepodległość, palili, oczywiście, opony, a teraz, ze względu na środowisko, rozpalają ogromne ognisko. I kiedy tak staliśmy na terenie ambasady litewskiej przy tym ognisku, podszedł do mnie jakiś mężczyzna i powiedział mi słabym ukraińskim, że pamięta mnie z Heniczeska. Słychać było, że nie jest ukraińskojęzyczny, że na co dzień używa rosyjskiego. I mówi, że pamięta, że w tym Heniczesku rozmawiałam po ukraińsku. A ja stoję i rozmawiam z Litwinami po rosyjsku. Wroga mamy jednego, ale z jakiejś przyczyny wszyscy posługujemy się jego językiem, tak zatrute mamy umysły. Odpowiedziałam mu, że teraz też rozmawiam po ukraińsku. A on mówi, że nie, że byłam tam wtedy jedną, jedyną osobą, która rozmawiała po ukraińsku. Przypomniał mi się wtedy ten Heniczesk, miasteczko tuż przy granicy administracyjnej z okupowanym dziś Krymem. Moja siostra miała zacięcie artystyczne, skończyła szkołę plastyczną i zdobyła trzecie miejsce w konkursie za obraz, na którym namalowała nasz kijowski Sobór pod wezwaniem Świętej Zofii, Sofijski. W nagrodę dostała dwuosobowe zaproszenie na sympozjum artystyczne w Heniczesku. Przyjechałyśmy tam, a na plaży odbywał się konkurs rzeźb z piasku. I ten mężczyzna, który mnie zaczepił w litewskiej ambasadzie, przypomniał mi, że rzeźbił tam statek, że podeszłyśmy do niego z siostrą i stwierdziłyśmy, że temu statkowi potrzebny jest maszt. Poszłyśmy gdzieś w krzaki, znalazłyśmy odpowiedni kawałek drewna i podarowałyśmy mu maszt. Pamiętam, że Wira mówiła wtedy po rosyjsku, ona może posługiwać się dwoma językami na przemian, a ja mówiłam tylko po ukraińsku. Dzięki temu mnie zapamiętał.

Czy można powiedzieć, że wychowałaś się w rodzinie patriotycznej?

Rzeczywiście, nasza rodzina była patriotyczna, ale nie było w niej jakiegoś ultrapatriotycznego skrzywienia. W radzieckiej szkole uczono nas, że Stepan Bandera to zdrajca, a ojciec czytał literaturę i mówił, że tak nie jest. Uczono nas o wielkim narodzie radzieckim, który zwyciężył nad hitlerowskimi Niemcami, ale nasi nauczyciele jakoś specjalnie się nad tym nie skupiali. Pamiętam, że na lekcjach historii mówiono nam, że była armia radziecka, ale była też Ukraińska Powstańcza Armia, że UPA walczyła o niepodległość Ukrainy, a ZSRR na nią nie pozwalał. Uczyliśmy się o Ukraińskiej Republice Ludowej i o Zachodnioukraińskiej Republice Ludowej, a to, o czym mówiono nam w szkole, uzupełniał swoją wiedzą ojciec. W szkole słyszeliśmy także, że jeśli nie byłoby ZSRR, zwycięstwo nad Niemcami w drugiej wojnie światowej nie byłoby możliwe. W wojnie uczestniczyło przecież wiele narodów: Białorusini, Ukraińcy, Gruzini, nie tylko sama Rosja, było to nasze wspólne dzieło i przedstawiciele każdej republiki ginęli na frontach. Dlatego trudno mi zrozumieć, skąd dziś u ludzi takie jednostronne traktowanie historii. Wydaje się, że byłyśmy z siostrą wychowywane zdroworozsądkowo, ale zawsze w duchu ukraińskości. Pamiętam, jak ktoś mi kiedyś powiedział, że Polska tak dobrze się rozwija, bo wszyscy są patriotami swojego kraju, dlaczego my tacy nie jesteśmy? I kiedy Ukraina odłączała się od ZSRR w 1991 roku, miałam wtedy dziesięć lat i na demonstracje jeszcze nie chodziłam, ale jakoś bardzo się z tego cieszyłam. Nie wiem dlaczego, bo nie orientowałam się przecież w tym wieku w polityce, ale byłam dumna i szczęśliwa, że w końcu jesteśmy wolni. Wolność zawsze była dla mnie bardzo ważna. Znałam jej wartość od samego dzieciństwa. Jako dzieci nigdy nie byliśmy zamykani w domu i nie rozumiałam, jak to jest, że mama mojej koleżanki nie pozwala jej wyjść na dwór. Nie miałyśmy z siostrą takich ograniczeń. Mogłyśmy dostać od matki ścierką po głowie, ale nigdy nie było tak, że za karę musiałam zostawać w domu. Więc kiedy w końcu Ukraina wyszła z ZSRR, odczułam, że w końcu mamy wolność.

Cały czas opowiadasz o siostrze, ciągle was widzę razem, jesteście chyba bardzo ze sobą związane?

Jak już mówiłam, byłyśmy późnymi dziećmi swoich rodziców. Kiedy mama mnie urodziła i zaszła w ciążę z Wirą, stwierdziła, że jest już za stara na drugie dziecko. Ale jej matka, moja babcia Chyma, wyjaśniała jej: Marusiu, co to jest takie jedno dziecko, to jak bylina w polu, kto chce, ten ją gnie. Będziesz miała dwoje, będą się trzymać razem, będą nawzajem się wspierać, urodź drugie. Mama urodziła Wirę, a ja ją od razu zaakceptowałam. Od razu stała się mi bliska. Woziłam ją w wózeczku, przebierałam, opiekowałam się nią. Między nami jest mała różnica wieku, dlatego zawsze bardzo dobrze ją rozumiałam. Ona jako małe dziecko mówiła bardzo niewyraźnie, nikt nie wiedział, czego chce, więc byłam jej tłumaczką, nawet dla mamy. Biłyśmy się, oczywiście, przez całe dzieciństwo, ale szybko się także godziłyśmy, tu bawimy się lalkami, już jest wesoło, a tu znowu bójka i płacz. Razem rosłyśmy i razem się wzmacniałyśmy. Nikogo się wtedy nie bałyśmy i niechby tylko ktoś spróbował zaczepić nas na dworze, to razem każdemu przegryzłybyśmy gardło. Wira bardzo dobrze kopała nogami, a ja byłam dobra w rękach, dlatego w przedszkolu nikt do nas nie podchodził. Zawsze wszystkim się dzieliłyśmy, nawet jednym cukierkiem. Słuchałyśmy opowieści o tym, jak trudno było na Ukrainie w czasach Wielkiego Głodu, jak ciężko było żyć, kiedy w rodzinie było dużo dzieci, wszyscy donaszali po sobie ubrania i nikt nie narzekał. Tyle tych historii nam opowiedziano, że zrozumiałyśmy, co jest w życiu najważniejsze. Budżet mamy wspólny, rodzinny. Są to pieniądze mamy, Wiry i moje. W naszej rodzinie nie ma czegoś takiego, jak pożyczyć pieniądze od siostry. Są one wspólne. Ludziom trudno to zrozumieć. Oczywiście, gdyby któraś z nas wyszła za mąż, byłoby inaczej, ale teraz jest właśnie tak. Kiedy trafiłam do Rosji, Wira rzuciła całe swoje życie, by mnie stamtąd wyciągnąć. Ona przecież jest architektem, bardzo lubiła swoją pracę i wcale nie musiała pchać się do tej polityki, która tak bardzo niszczy nam wszystkim nerwy. Ona strasznie się denerwuje. Byłyśmy na jakimś proteście, mnie nie dopuszczono tam do głosu. Dla mnie to nic strasznego, ja w ogóle uważam, że politykom trzeba mniej pozwalać na otwieranie ust, niech sobie gadają tam, w Radzie Najwyższej, na trybunie parlamentarnej, niech tam pokazują swój debilizm i nieuctwo. Ale ludzie zaczęli krzyczeć: dajcie głos Nadii, a mi go nie dano. Albo kiedy coś tam piszą o mnie w Internecie, Wira się złości, a po mnie to spływa. Ja nie muszę się do tego przyzwyczajać, bo przez całe życie idę przeciwko systemowi, całe życie walczę i jestem uważana za tę złą. Wira tego nie widziała, nie wiedziała, co działo się ze mną w wojsku, co i rusz a to nagana, a to inna kara. Mówię jej: weź się uspokój, nie bierz tego do serca, ale ona jest bardzo agresywna, kiedy mnie broni. A ona na to: myślałam, że jak wyjdziesz z więzienia, to będzie mi lżej, wrócę do twórczości, będę sobie malowała, ale ty wyszłaś i nic się nie poprawiło. To co, miałam tam zostać? – pytam. Zawsze jesteśmy razem. Nie mam żadnej ochrony, ona wozi mnie samochodem, który jest wspólny. Wira jest moim kierowcą, ochroniarzem, rzecznikiem i oddanym obrońcą. Mówię jej, że mogłaby wrócić do pracy, do architektury, a ona mi na to: Nadia, popatrz, w naszym kraju panuje taki bałagan, ja mogę te mosty budować, ale teraz trzeba to wszystko zmieniać, a dopiero potem myśleć o sobie. Mam więc nadzieję, że kiedyś w końcu ten kraj zmienimy, a moja siostra znowu będzie architektem i będzie tworzyła piękne obiekty.

Tobie samej również nie brakuje zdolności plastycznych.

Lubię coś robić rękami. Lubię malować i mam fantazję. Dla Wiry jest to jednak zawód. Tam nie wystarczy wyłącznie coś sobie wyobrazić i rozrysować, tam wszystko należy obliczyć. Budowa mostu czy domu to kolosalna praca. Ja natomiast robię wszystko rękami i cokolwiek, co zobaczę, mogę powtórzyć. Mogę wyrzynać drewno piłą tarczową, a mogę i haftować. Lubię chodzić na wystawy rękodzieła, podglądać, gdy coś mi się spodoba, robię to w domu. Potem to komuś podaruję. W ten sposób odpoczywam, odciążam mózg. Teraz, niestety, nie mam na to czasu. Przyjeżdżam do domu i jak martwa padam na łóżko.

Przed pójściem do wojska studiowałaś dziennikarstwo i zajmowałaś się designem. Szukałaś miejsca w życiu?

Wielu ludzi odnajduje to swoje miejsce od razu. Wiedzą, kim chcą być, co chcą robić, a są tacy, którzy szukają tego miejsca długo, błąkają się po świecie i w końcu je gdzieś tam, w czymś, odnajdują. Ja miałam tak samo. Po skończeniu szkoły nie wiedziałam jeszcze, że chcę być pilotką. Wiedziałam, że lubię wysokość i szybkość, ale nie wiedziałam, w jaki sposób można to połączyć. Pomysł podrzucił mi kolega, który powiedział, że chciałby zostać pilotem, ale stan zdrowia mu na to nie pozwala. Ha, pomyślałam. Wysokość! Szybkość! Przecież mogę być pilotem, idę uczyć się na pilota!

Skąd wzięła się ta miłość do szybkości?

Nawet nie wiem. Nie boję się wysokości, chodzę po wysokich budynkach, lubię motocykl, na rowerze się lubię przejechać, na koniu. Mam chyba ten dar od natury. Pamiętam, że byłam taka w dzieciństwie; jeśli jest rower i jest góra, to będę z niej na nim leciała, póki się nie zabiję, ale będzie super, bo będzie szybko. Nie odczuwam strachu, to pewnie wrodzone jakieś takie. Rodzice tacy byli i ja taka jestem i siostra. Nie można się bać, bo czego tu się bać, dlaczego w ogóle ludzie się boją? Tego, co cię nie zabije, nie trzeba się obawiać. Moja siostra jeździ bardzo szybko na desce snowboardowej, a chłopaki na stoku pytają: ona się tak nie boi? No nie boi się. Przed tym, jak w końcu zrozumiałam, że zostanę pilotem, mama zapisała mnie do szkoły krawieckiej. Powiedziała, że jeśli nie poszłam na żadne studia – a ja nie wiedziałam, co chcę studiować – to będę uczyła się krawiectwa. Chciałam iść do szkoły teatralnej, bo wszyscy mówili: ty tak grasz, taka z ciebie aktorka, a ja nie boję się sceny, to idź, ale na nic się ostatecznie nie zdecydowałam. To mama złożyła dokumenty do tej krawieckiej szkoły; nic nie robisz, to chociaż szyć się nauczysz. Nie miałam się tam czego uczyć, bo już umiałam, nauczyłam się tego od mamy, kiedy miałam sześć lat. Było to nudne zajęcie, chociaż potrafię zaprojektować i uszyć coś innego, coś swojego, szyłam zresztą dla siostry i dla siebie, ale taka praca wydawała mi się okropnie nudna. Potem było dziennikarstwo. Poszłam na nie, bo nie mogłam dostać się do uniwersytetu lotniczego, a trzeba było coś robić. Pracowałam i studiowałam to dziennikarstwo zaocznie.

Gdzie pracowałaś?

Boże, czego ja nie robiłam. Byłam tragarzem, kelnerką, pracowałam w biurze i w sekstelefonie. Pracowałam wszędzie, gdzie tylko mogłam, nawet w kijowskim ratuszu i nigdzie nie zagrzewałam miejsca. Jak coś mi się nie podobało, odwracałam się na pięcie i wychodziłam. Albo patrzę przez okno i rozumiem, że chcę być tam, a nie tu. Wstaję i wychodzę, nie zabieram wypłaty, nie idę do domu, bo mama znowu mnie opieprzy, że rzuciłam kolejną pracę. A ja nie widzę siebie w tej pracy, przez całe życie od dziewiątej do siedemnastej. Wychodzę na drogę i autostopem po Ukrainie! Mama z czasem się do tego przyzwyczaiła, ale wcześniej bardzo się denerwowała. A ja wyjeżdżałam z nadzieją, że ona się uspokoi i nie będzie już tak bardzo się złościła, że nie pracuję. Pojeżdżę sobie po tej Ukrainie i wracam.

Podróżowałaś tak zupełnie sama?

Podobał mi się ten autostop. Słyszałam, że w krajach

zachodnich jest on bardzo rozwinięty, że dla wielu ludzi jest to sposób na życie. Zaczęłam jeździć gdzieś w wieku 19 lat, bo nie było pieniędzy, a zachciało mi się zobaczyć Karpaty. Wychodzisz na trasę, podnosisz rękę, zatrzymuje się jakaś ciężarówka, mówisz, że chcesz w Karpaty i jedziesz. Jeździłam sama, nie miałam problemów, żeby rozmawiać z ludźmi, nie jestem jakaś agresywna, ale problemy bywały. Różni idioci przytrafiali się po drodze, ale ja przecież też nie jestem słabą dziewczyną. W dzień spokojnie sobie jedziesz, w nocy gdzieś nocujesz, w śpiworze, podróżujesz. A kiedy byłam kursantką w szkole wojskowej, to już zupełnie nie miałam pieniędzy i autostop był zwykłym sposobem podróżowania do domu, czy to z Charkowa, czy z Żytomierza. Każdy kierowca zatrzymywał się, widząc dziewczynę w mundurze, a ile historii poznałam!

I tak przeszliśmy do chwili, kiedy dostałaś się do wyższej wojskowej szkoły lotniczej.

Do Charkowskiego Uniwersytetu Sił Powietrznych startowałam cztery razy. Przychodziłam, składałam dokumenty, ale mówili mi, że kobiet nie biorą. Dlaczego nie biorą, nie wiadomo, ale żadna kobieta na tym uniwersytecie się nie uczyła, jednak gdzieś tam przecież były kobiety lotniczki. Nie poddałam się i jeździłam tam cztery lata pod rząd i za każdym razem mi odmawiano. Wypytywałam chłopaków, co jest na egzaminach, chciałam dowiedzieć się, jak się dostają i, oczywiście, cały czas się uczyłam. Za czwartym razem już mi to wszystko zbrzydło, pytam ich: wy chociaż za bramę mnie wpuścicie? Przecież to jest uniwersytet, miejsce otwarte, czy może prowadzicie tutaj jakieś więzienie? Doszłam w końcu do generała i poprosiłam, żeby wyjaśnił mi, z jakiego powodu nie mogę latać? Nazywał się chyba Miedwiediew. Wysłuchał mnie i powiedział: dlaczego nie możesz latać? Możesz, odsłuż rok w armii, przyjmiemy cię, istnieje taka procedura. Myślę sobie: co za gady! Nikt mi nawet tego nie powiedział, dziewczyny były tam po prostu odprawiane z kwitkiem, jak jakieś idiotki. Tym bardziej, jeśli dziewczyna przyjeżdża sama, bez mamy i bez taty, nie jest córką pułkownika, nikt jej nie przyprowadził, to komu jest tam potrzebna. Raz kiedyś do nich przyszłam i słyszę: dziewczynko, masz jedyny problem, który polega na tym, że jesteś dziewczynką. A ja ich pytam: a co, za sterami samolotu myśli się głową, czy tym, co masz między nogami? Jaki to problem? Co za różnica, że jestem kobietą? Oni mi na to: o, a na dodatek jeszcze chamka! Wracaj do domu i ucz się, dziecko. Wiesz, takie buractwo sowieckie, oficerostwo, generałowie z grubymi tyłkami, to właśnie tacy kierują dziś armią i dlatego walczymy tak, jak walczymy. Nie wiem, dlaczego nie powyrzucają ich z wojska do diabła. Więc tak sobie do tego Charkowa przyjeżdżałam, uczyłam się, robiłam się coraz bardziej zła, a w życiu przecież nie brakowało mi problemów, bo nikomu ich nie brakuje. Za trzecim razem przyszłam i powiedziałam, że wcześniej czy później dostanę się na tę uczelnię. Dostałam się dopiero za czwartym razem.

Musiałaś jednak za radą pana generała pójść do wojska.

Wróciłam z Charkowa do Kijowa, znalazłam wojskową komendę uzupełnień, wstąpiłam do armii, przeszłam całą służbę i już. Pierwsze miejsce, w którym służyłam, było typowo kobiece. Baby służą właśnie tam. Była to jednostka wojsk kolejowych w Kijowie, gdzie byłam telefonistką. Gdzie mieszkasz? W Kijowie. No to pójdziesz do wojsk kolejowych, mamy jednostkę niedaleko od twojego domu, będziesz miała blisko. No dobrze, telefonistka, wojska kolejowe, może być, pomyślałam. Przyszłam tam, zobaczyłam, co to takiego, zaczęłam orientować się w strukturze, w pagonach, w służbie. I tutaj pomogła mi praca w seksie na telefon, bo bardzo mi się to przydało.

Jak praca w seksie na telefon mogła przydać ci się w wojsku?

W tej pracy nie ma żadnego seksu. To zwykła robota, ale mężczyźni na to lecą. Normalna praca, w której nieźle zarabiałam, jednak dosyć ciężka. Wyglądało to tak: duże pomieszczenie, dużo kobiet, telefon wielokanałowy. Napięta atmosfera i zero seksu. Przynajmniej po naszej stronie. To, co działo się po drugiej stronie linii, to już inna sprawa, ale w naszym pokoju daleko było od jakiejkolwiek intymności. No i kiedy służyłam w tych wojskach kolejowych, przyszły rachunki telefoniczne z zaszyfrowanych numerów, którymi posługiwała się armia. Ogromne rachunki! Popatrzyłam na nie i mówię im, że to może być sekstelefon, wróżka, albo coś w tym rodzaju. Poproszono mnie, żebym to przeanalizowała. Porównałam czas, zobaczyłam, kiedy z danego numeru dzwoniono, przeprowadziłam małe śledztwo i powiedziałam im, że z tego numeru dzwonił ten, a z tamtego tamten. Znalazłam tych dzwoniących. Odkryłam żołnierza, który dzwoni do wróżki, i ochroniarza w jednej z firm, która wynajmowała od armii pomieszczenia. Ochroniarz wydzwaniał do sekstelefonu, to powiedziałam, że albo niech go zwalniają z pracy, albo niech nałożą na niego grzywnę. Żołnierza nie wydałam. Porozmawiałam z nim, okazało się, że rozstawał się z dziewczyną, problemy smarkaczy, to powiedziałam, że jego karać nie trzeba. Ale było jeszcze kilka poważnych rachunków. Okazuje się, że jednostka wojskowa opłacała rozmowy z Kanadą i z Japonią. Rozumiem, że siedzą tutaj generałowie, ale przecież od dyplomacji mamy Ministerstwo Spraw Zagranicznych! No i dowiaduję się, że ten generał ma rodzinę w Kanadzie, a w Japonii uczy się jego córka. Zapaliłam się do tego śledztwa, mówię, że zaraz wszystko wyjaśnię, ale powiedziano mi, że nie trzeba. Kiedy zaczęłam w tym kopać, zaczęto mnie odsuwać od tej całej sprawy, bo odkrywałam coraz więcej nieprawidłowości i robiłam się coraz bardziej niewygodna. Poproszono mnie, żebym się już tym nie zajmowała, a mi to było na rękę, bo marzyłam wtedy o przeniesieniu do takiego prawdziwego wojska. Nie chciałam być dłużej w jednostkach kolejowych, bo co ta za armia, chciałam iść bliżej nieba, choćby do wojsk powietrzno-desantowych. Znalazłam jednostkę desantową i poprosiłam o przeniesienie. Dowódcy, którzy wiedzieli już o wynikach moich śledztw w sprawie generalskich telefonów, zgodzili się natychmiast, żeby tylko się mnie pozbyć. W taki sposób dostałam się do wojsk powietrzno-desantowych. Byłam szczęśliwa, bo dopiero tam rozpoczęłam normalną służbę.

Ta jednostka znajdowała się w Żytomierzu.

W Żytomierzu, około stu kilometrów od domu. Na Ukrainie w tym czasie były trzy jednostki wojsk powietrzno-desantowych. Trafiłam do Żytomierza, który był niedaleko od mojego rodzinnego Kijowa. Tamtejszy dowódca także krzywo na mnie patrzył, bo byłam babą, ale oświadczyłam mu, że nie mam zamiaru się poddawać. Powiedział mi, że jak przebiegnę w pełnym ekwipunku piętnaście kilometrów po poligonie i nie oderwę się od jego chłopaków, to mnie do siebie weźmie. A ja przyszłam do nich w butach na obcasach, z długimi włosami, ze zrobionymi paznokciami, więc pomyślał pewnie o mnie, że jestem skończoną idiotką. Mówię mu jednak: dobrze, gdzie mogę się przebrać? Nikt w tym Żytomierzu na mnie nie czekał, nikt nie myślał, że naprawdę się tam przeniosę, zresztą takie przeniesienie z jednostki do jednostki trwa zazwyczaj około sześciu miesięcy. Ja tymczasem byłam gotowa do przejścia w ciągu tygodnia. Kiedy wyjeżdżałam z Kijowa, mój dowódca w wojskach kolejowych powiedział, żebym przekazała szefowi jednostki w Żytomierzu, że jest mu dłużny butelkę koniaku za to, że zabiera mnie do siebie. No, a kiedy odsyłano mnie z powietrzno-desantowych do lotników, to też mówiono, że trzeba tym lotnikom postawić flaszkę, a najlepiej skrzynkę, że mnie do nich biorą. Dziś pewnie dają już za mnie cysternę wódki. Sądzę, że Rada Najwyższa ozłoci mnie, jak już przestanę być jej deputowaną.

**Skąd te usilne próby pozbycia się Nadii Sawczenko z armii? Co takiego robiłaś, że nie podobało się to twoim zwierzchnikom?**

Łatwiej pewnie byłoby powiedzieć, czego tam nie robiłam. Każdy mój krok w jednostce był nie taki, jaki być powinien. Wyglądało to mniej więcej tak, jak dziś w polityce. Niby jestem normalnym człowiekiem, działam normalnie, wykonuję swoją pracę, ale wszystkich szokuje to, co robię. Że zdarza mi się przyjść na bosaka, że nie poruszam się z ochroną, że jeżdżę metrem, a nie opancerzonym samochodem. Ja wszystko robię na opak, zawsze przeciwko systemowi. Tak samo było w więzieniu, gdzie cały czas pozostawałam wolnym człowiekiem. A dlaczego ona nie staje twarzą do ściany, a dlaczego nie trzyma rąk z tyłu? A ja powiedziałam, że po prostu nie będę tego robiła. Ludzie nie rozumieją, dlaczego człowiek nie obawia się systemu. Podobnie było i w armii: masz chodzić prosto, równolegle, wzdłuż linii, po okręgu, a ja uważam, że to debilizm, że można iść na skróty, bo tak jest znacznie szybciej. Patrzą na mnie z rozdziawionymi gębami i pytają, dlaczego im to robię? Przecież wszyscy tak postępujemy, dlaczego jedna ty chcesz robić to inaczej? To wyjaśniam im, że ich schematy są przestarzałe, nieprzystosowane do rzeczywistości i że jak jutro wybuchnie wojna, to te rozwiązania się nie sprawdzą. Zmieńmy to, mówię, a oni są w głębokim szoku. W wojskach powietrzno-desantowych wszystko, co robiłam, było nie tak. Nie podobało im się to, że nie obawiam się skakać ze spadochronem – przecież jesteś kobietą, powinnaś się bać. To, że interesowałam się bronią, bo po co ci ta broń, siedź w kancelarii, a mnie kancelaria nie interesuje, ja chcę być w oddziale bojowym. Kiedy wzięłam do ręki wyrzutnik granatów, ostrzegano mnie, że jak to wystrzeli, to na dupie usiądę. Wystrzeliłam i okazało się, że to jedyna broń, z której nigdy nie spudłowałam. Nie przerażało mnie to, że jest głośno, nigdy nie używałam żadnych zatyczek do uszu. Wszystko, absolutnie wszystko było nie tak. W nowej jednostce zapytałam o kwaterę i usłyszałam, że koszary są wyłącznie dla mężczyzn. Odpowiedziałam, że mi to nie przeszkadza, że chcę tam zamieszkać. I znowu szok: jak to, kobieta z mężczyznami, dlaczego nie pójdziesz, jak wszystkie inne kobiety, szukać mieszkania w mieście? A niby dlaczego ja mam płacić za mieszkanie w mieście, skoro tutaj pełnię służbę? Jednak głównym problemem było, kiedy przychodziłam do szefów i prosiłam o wyznaczenie mi jakiejś pracy.

Jak to?

A tak to. Armia polega przede wszystkim na unikaniu problemów i uchylaniu się od pracy. I kiedy siedzę i nudzę się na śmierć i pytam, czy ktoś potrzebuje jakiejś pomocy, już krzywo na mnie patrzą. Dlaczego tu przychodzisz i szukasz sobie zajęcia? Płacą ci, to się schowaj, idź do domu, ukryj się, po co ci to wszystko? A ja tego nie rozumiem, mówię, chłopaki, przecież to można zrobić w jeden dzień, a wy to rozciągacie na cały tydzień. Nadia, czy to naprawdę jest ci potrzebne? – pytają. Wydaje mi się, że ja jestem takim człowiekiem, jakim, jak sądzę, powinni być wszyscy. Tego właśnie potrzebujemy w czasie, gdy przebudowujemy system. Ludzie powinni być szczerzy, uczciwi, pomagać sobie nawzajem, powinni być pracowici. Robię w koszarach trawnik. Poszłam do sklepu, za pół swojej wypłaty kupiłam trawę, bardzo drogą, kanadyjską, która wymaga strzyżenia, róż nakupowałam i posadziłam i słyszę: kto ci kazał to zrobić? Kto ci to dał? No przecież nikt, poszłam i kupiłam. Po co ci to? To wybija ludzi z rytmu, wywołuje zdziwienie, dlatego w każdym miejscu jestem nie na miejscu. Ja nie boję się dowódcy, który na mnie wrzeszczy, bo nie mogę założyć maski gazowej. Zrozumiałam, że przeszkadzają mi w tym włosy, poszłam do fryzjera i je obcięłam i znowu szok. No jak to tak, żeby baba ścięła włosy, nie wymalowała oczu, nie zrobiła paznokci? Jaka tam maska gazowa? Ona zakłada ją raz w miesiącu, może zdać to na dwóję, a i tak nikt jej z armii nie wyrzuci, uśmiechnie się do jakiegoś majora i wszystko będzie w porządku. Dlaczego nie sypiasz z pułkownikiem, dlaczego nikomu nie dajesz? Rozumiesz to? Cała armia oparta jest na kurestwie, jakie tam problemy? Gdybyś dawała, to dobrze by ci się żyło, to nikt by się ciebie nie czepiał. Mówię, że nie, że mnie interesuje to, co robię i chcę być w tym dobra. Lubię bieganie na zwiad, lubię ciąganie broni, a oni tego nie łapią. Kiedy idziesz cały czas przeciwko porządkowi, innym nigdy to się nie podoba. I nadal żyją w tym swoim gównie, narzekają, mówią, że armia jest zła, że ukraińska władza jest zła, ale sami niczego nie robią. Wyszli raz na Majdan, pokrzyczeli, pokrzyczeli, zachwycili się, rozczarowali i znów milczą. A mnie taka postawa wykańcza. Byłam taka jeszcze w szkole, ciągle kłóciłam się z nauczycielami. Za każdą niesprawiedliwość, za łapówki, trzaskałam drzwiami, udowadniałam, że mam rację i tak przez całe życie.

Jak zakończył się okres w wojskach powietrzno-desantowych?

Skończyło się to Irakiem, dokąd skierowano całą naszą jednostkę. Wszyscy chcieli tam jechać, bo to oznaczało możliwość zarobienia dodatkowych pieniędzy. W międzyczasie znów złożyłam dokumenty do szkoły lotniczej w Charkowie. W jednostce o tym wiedziano, niczego tam nie ukrywałam i otwarcie mówiłam, że chcę być pilotem. Złożyłam te dokumenty, przeszłam przez komisję medyczną i czekałam. No i kiedy jednostka przygotowywała się do wyjazdu do Iraku, dowódca żartował, że wszyscy pojadą, a Nadiucha nie dostanie się na studia i dalej będzie siedziała w koszarach, do końca, kurwa, swoich dni. Odwracam się do niego i mówię, że w tej sytuacji ja też chcę jechać do Iraku. Wszyscy tylko się roześmiali. Żeby pojechać na misję zagraniczną, potrzebna była zgoda rodziców, albo zgoda męża czy żony. Wielu chłopakom żony takiej zgody nie dawały, wiedzieliśmy, że mieliśmy tam straty, jak to na wojnie. Ja natomiast przyjechałam do matki, wzięłam ją do notariusza, mówię jej, że jadę do Iraku, a ty podpisujesz zgodę. Mama na to: no jak to, żebym ja własne dziecko na śmierć posyłała?

Mamo, mówię, przecież wiesz, jaka jestem uparta, pojadę tam niezależnie od tego, czy się zgodzisz, czy nie. A ona mi jęczy, a co ja zrobię, a jeśli coś ci się tam stanie? Będziesz żyła dla Wiry – odpowiadam. Dobrze. W końcu zebrała się w sobie, podpisała tę zgodę, zrozumiała, że mnie w żaden sposób nie powstrzyma. Wróciłam do jednostki z pozwoleniem i już nikt nie może zakazać mi wyjazdu. Jedziemy najpierw na szkolenie do Bołhradu w obwodzie odeskim, a wszyscy niezadowoleni, że mi się udało, jednak te baby z jednostki widzą, że dopięłam swego i też chcą jechać. W ten sposób zebrało się nas aż sześć. Chyba nikt nie chciał, żebym jechała z nimi do tego Iraku, ale mój ówczesny dowódca powiedział w końcu, że potrzebuje ludzi, takich jak ja, bo jestem profesjonalistką i dobrze wykonuję swoją pracę. Ten dowódca zginął w Iraku, ale przed śmiercią pomagał mi tam, jak mógł, starał się mnie chronić przed niebezpieczeństwami, nie puszczał na wyjazdy i to również mi się nie podobało. W końcu zaczęto mnie traktować jak normalnego żołnierza, zaczęłam jeździć na patrole i wykonywać te same zadania, co inni. Długo jednak musiałam o to walczyć.

Czytałem gdzieś, że w Iraku byłaś uczestniczką, a raczej główną bohaterką pewnego skandalu.

Żeby zrozumieć, jak funkcjonowała wtedy nasza armia, muszę opowiedzieć o pewnym wydarzeniu. Doszło do eksplozji w magazynach utylizacji materiałów wybuchowych, zginęło dziesięciu naszych ludzi: dziewięciu Ukraińców i jeden Kazach. Stało się to w wyniku załamania zasad bezpieczeństwa. Dowództwo długo starało się to jakoś ukryć, podciągnąć to pod straty w działaniach bojowych, ale misja była opłacana przez Amerykanów, którzy od razu powiedzieli, że nie będą płacili za cudzą niefrasobliwość. Tak to właśnie działało. A ten skandal, o którym mówisz… Tak, wiem, chodzą o nim legendy, że niby upiłam się na 8 marca, samowolnie opuściłam jednostkę, złamałam regulamin, dyscyplinarka. Żadnej dyscyplinarki jednak nie było, a moje przygody zostały zamiecione pod dywan, bo armia doskonale wiedziała, jak się ze mną w Iraku obchodzono i co mi tam zrobiono. Ja, tak naprawdę, pokazałam jedynie, jak niedoskonały jest system. Przez całe pół roku chodzili i mówili mi, jaka to jestem głupia, tak zresztą było przez całe moje życie w wojsku. A ja pokazałam im, jak są niewydolni, że mogą zgubić człowieka i o tym nie wiedzieć oraz jak słabo chroniona jest nasza baza. Pokazałam im, w czym nie mają racji, wytknęłam im wszystkie słabe miejsca, a potem, kiedy wpadli na genialny ich zdaniem pomysł, żeby uszkodzić mi broń, a następnie, z tą uszkodzoną bronią, wysłać mnie poza bazę, na pustynię, to zrozumieli, że poważnie się przeliczyli. I że dopuścili się po prostu zbrodni.

Ta historia brzmi bardzo interesująco.

Co takiego zrobiłaś tak naprawdę w tym Iraku?

Poszłam w samowolkę i nie było mnie w bazie przez dziewięć godzin. Za samowolkę do trzech dni grozi jedynie kara dyscyplinarna. Po trzech dniach sprawa zaczyna już robić się poważniejsza. Dlatego nie mogli mi niczego zrobić, za to ja mogłam im udowodnić, że uszkadzając mi broń, narazili moje życie. Że wysłali mnie z tą bronią do konwoju, i nie tylko ja mogłam być już trupem, ale i transporter, w którym się znajdowałam oraz ludzie, z którymi byłam. Uważam, że to była zbrodnia.

Na czym polegała twoja samowolka?

W Iraku wszystko było mniej więcej dobrze,

póki nie zginął dowódca mojego batalionu. Naczelnik sztabu był tam typowym idiotą, który zresztą służy w armii do tej pory i nadal ją psuje. Trudno opisać ten bałagan, a właściwie chaos, jaki panował pod jego rządami. A dowódca, ten, który zginął, mówił nam wcześniej: jeśli choć na chwilę się zdekoncentrujecie, zostaniecie wyrżnięci, jak ślepe kocięta, nawet tego nie zauważycie. Wiedział, o czym mówi, bo był dwukrotnie na wojnie w Afganistanie i powtarzał, że wschód to bardzo delikatna sprawa, że wschód trzeba rozumieć. No i kiedy w tym naszym batalionie rozpoczęła się taka właściwie anarchia, nadszedł 8 marca, Dzień Kobiet. Wszyscy się bawią, chleją wódkę, mnie, jak zwykle, obrzucają przekleństwami i jak zwykle jestem najgorszym żołnierzem. Nie bardzo mnie to ruszało, ale zdecydowałam, że po prostu wyjdę sobie z bazy i przejadę się autostopem.

Przejadę się autostopem po Iraku? Jako żołnierz? Chyba sobie żartujesz.

Tak, w Iraku. W strefie działań bojowych. Zdecydowałam, że wyjdę z bazy i pokażę im ich wszystkie słabe miejsca. No, ale przecież nie opuszczałam bazy po raz pierwszy. Robiłam to wcześniej, bo się nie bałam i znałam różne ścieżki. Wychodziłam praktycznie co noc. Wychodziłam poza linie zewnętrzne bazy, chodziłam w gości do znajomych, wiedziałam, jak obejść pola minowe, jak zdjąć z nich zabezpieczenia, te wszystkie druty, jak je potem umieścić z powrotem, wiedziałam, gdzie kto stoi, gdzie są posterunki. Wychodziłam tak przez całe pół roku. To nie był tylko jeden dzień i wcześniej nikt niczego nie zauważył. Tym razem wpadłam jednak na pomysł, że pójdę troszeczkę dalej i zobaczę, co z tego wyjdzie. Mogłam przespacerować się pieszo, ale zobaczyłam samochód, machnęłam ręką, on się zatrzymał. W środku byli jacyś Irakijczycy, wzięli mnie ze sobą, przejechaliśmy przez ukraińskie i polskie posterunki i pojechaliśmy dalej. Tam były jednak pewne ograniczenia: samochody ciężarowe mogły poruszać się tylko w dzień i nie miały prawa jeździć w nocy. A tutaj widzę dwie ciężarówki. No nie mogłam przecież nie skorzystać z takiej okazji! Wykorzystałam też to, że Polacy, jak Ukraińcy, pamiętają jeszcze, czym jest 8 marca, dlatego wszyscy świętują, jak tylko się da. Niestety, Amerykanie tego święta nie znają. I dlatego Amerykanie mnie zatrzymali. Gdyby nie oni, mogłabym dojechać do Kuwejtu, wykąpałabym się w tej ich Zatoce Perskiej i zdołałabym wrócić, a w bazie nikt by się nawet nie domyślił, że mnie nie było. Gdyby nie ta cholerna amerykańska baza. Ale, cholera, Amerykanie są inni od naszych słowiańskich narodów, no i mnie zatrzymali.

Opowiedz, jak to było.

Nic takiego. Amerykanie zatrzymali samochód z Irakijczykami, zobaczyli w nim mnie, spytali, kim jestem. Powiedziałam, że jestem ukraińską żołnierką. Zapytali, czy zostałam porwana i odpowiedziałam, że tak. Co miałam im mówić, jak ja nie znam angielskiego? Zrozumiałam słowo porwanie, powiedziałam: yes, zostałam porwana. Do porwań dochodziło tam dosyć często i porywani byli przeważnie żołnierze amerykańscy. Więc dzwonią ci Amerykanie do tych Ukraińców i zaczyna się balet! Wyobraź sobie ukraińską bazę, która budzi się na ogromnym kacu, wszystkich trzęsie, a tu dzwonią z Ameryki i mówią, że straciliście żołnierza. Amerykanie pytają mnie, jak mogą skontaktować się z moją jednostką. Odpowiadam, że mamy łączność polową. Jaką łączność polową? No, przez rozciągnięte druty, na jednym końcu wykręcasz numer, a na drugim odbierają. Oni w szoku, mówią, że czegoś takiego nie mają i że mogą najwyżej skontaktować się z moimi przez Pentagon. Niech więc dzwonią do Pentagonu, mówię, a stamtąd na Ukrainę. Wydawało mi się, że był to dobry żart, ale oni tak właśnie zrobili. Z amerykańskiej bazy, z tej, w której byłam, zadzwonili do swoich zwierzchników w Iraku, tamci zadzwonili do Pentagonu, Pentagon zadzwonił do ówczesnego prezydenta Ukrainy Wiktora Juszczenki, on do ukraińskiego Ministerstwa Obrony, też skacowanego po Dniu Kobiet. Ministerstwo do naszej bazy w Iraku: przepadł wam żołnierz. Ale w tej bazie żaden dowódca nie wie, czy ma na stanie cały skład osobowy, bo nie ma pojęcia, gdzie kto się znajduje. Póki dowództwo chlało, chłopaki sami pozajmowali posterunki. Zaczynają szukać i dochodzi do nich, że zgubili mnie, zgubili Sawczenko. Wysyłają po mnie transportery opancerzone. Dziewięć transporterów uzbrojonych tak, jak na żadną operację bojową. Załadowali w nie wszystko, czym można było strzelać i co wybuchało. Od naszej bazy do bazy Amerykanów, gdzie mnie zatrzymano, było około dwustu kilometrów, właściwie to można było po mnie wysłać zwykły samochód, ale nie, przysłali po mnie cały konwój. Odebrali mnie, przywieźli na miejsce i wszyscy milczą. Jakby umarli. Dlatego dziś, kiedy przechodzę przez etap oskarżania mnie o zdradę, to przypominam sobie, że miałam z tym do czynienia niejeden raz. Moja siostra bardzo to przeżywa, a ja jej mówię: Wira, coś takiego spotyka mnie cały czas. Bo te sądy oficerskie w wojsku, kiedy wszyscy się od ciebie odwracają, najpierw każdy jest twoim przyjacielem, a potem, gdy coś się wydarza, to pytają: po co to robisz? Ale przecież ty sam też nie zgadzasz się z dowódcą, dlaczego obawiasz się to powiedzieć? No wiesz, rozumiesz, jak jest. Ja wiem, jak to jest, kiedy wyrzekają się ciebie twoi najbliżsi przyjaciele. Potem już jest wszystko jedno, nadal służycie razem, patrzycie na siebie wilkiem, ale służycie i doskonale wiesz, co będzie dalej, spoglądasz im w oczy i wiesz, co o tobie myślą i jest śmiesznie.

Po incydencie z autostopem wyjechałaś z Iraku do domu?

Odleciałam pierwszym samolotem w ramach zaplanowanej rotacji. Co oznacza, że mnie nie wyrzucono, że dosłużyłam do końca i więcej już niczego nie nabroiłam. Kto zazwyczaj wraca pierwszym samolotem z misji zagranicznej do kraju? Wszyscy niewygodni: alkoholicy, ludzie trudni we współpracy, ci, którzy mają zły charakter i ci, którzy już bardzo chcą jechać do domu. Zebrali tę pierwszą grupę i odesłali. A na Ukrainie tę pierwszą grupę wita się jak bohaterów! Wszyscy dostają ordery i medale, całowanie chleba z solą, przemówienia, orkiestra i hymn Ukrainy. Trzeciej grupy nie wita już nikt, mimo że w niej są przeważnie ci najlepsi. Ci, którzy doskonale wypełniają rozkazy. No i chciwi, którzy do ostatniego dnia chcą zarabiać pieniądze, bo płaci się tam za każdy dzień pobytu. Trzecia grupa nie dostaje orderów. Pierwsza, ta, która chwieje się na lotnisku, owszem. W armii doskonale znamy tych obwieszanych medalami, dobrze wiemy, co to za ludzie, śmiejemy się z nich.

Po Iraku wróciłaś do wojsk powietrzno-desantowych czy od razu do szkoły lotniczej?

Po Iraku przysługiwał mi długi urlop, czterdzieści pięć dni na rehabilitację, a po nim poszłam na egzaminy wstępne i już praktycznie nie służyłam.

Udało mi się jednak jeszcze raz skoczyć przedtem ze spadochronem z samolotu i kilka razy z helikoptera. Potem dostałam się do szkoły lotniczej i pożegnałam się z wojskami powietrzno-desantowymi.

Czego nauczyły cię wojska powietrzno-desantowe?

W Ameryce nazywa się to morską piechotą. Jest to najbardziej elitarny rodzaj wojsk. Mam prawo wyjść na ulicę w tielniaszce, koszulce w niebieskie paski na Chreszczatyk w Kijowie i rozbić sobie butelkę o głowę. Widziałeś pewnie te sceny w Dniu Wojsk Powietrzno-Desantowych. Rozbijałam te butelki, a chłopaki dziwili się, dlaczego to robię, jadłam żaby, robiłam to, co wszyscy, biłam się. W desancie odebrałam pierwsze poważne wojskowe wychowanie i potrafię się obronić. Tielniaszkę noszę, bo na nią zasłużyłam. Kiedy trafiłam do niewoli separatystów, pokazywali mnie palcami i mówili: o, suka, tielniaszkę założyła. Ale potem zrozumieli, że mam do tego prawo, inaczej bym się w nią nie ubrała.

A jak było w lotnictwie?

Łatwo mi tam z pewnością nie było. Nie byłam człowiekiem z ich systemu. Gdy zdawałam egzaminy, wyszłam z nich jako pierwsza. Otoczyli mnie dziennikarze, pytają, dlaczego chcę latać, a ja nie byłam przecież pierwszą lotniczką w historii Ukrainy. Historia stara się zetrzeć ich nazwiska, ale kobiet w lotnictwie było bardzo dużo. Na Ukrainie w lotnictwie wojskowym było dziesięć kobiet. Ja byłam ósma. Za każdym jednak razem każdej dziewczynie wbija się do głowy, że kobiet w lotnictwie nie ma. Więc otaczają mnie ci dziennikarze przed salą egzaminacyjną, nazywają pierwszą kobietą w historii ukraińskiego lotnictwa i pytają, co sądzę o uczelni. To powiedziałam im, że jest to najbardziej skorumpowane miejsce, które kiedykolwiek w życiu widziałam. Ja przecież znałam ten uniwersytet, próbowałam dostać się do niego kilka razy. Wszyscy znowu w szoku. Rektor w szoku, jak ja mogłam coś takiego powiedzieć? Ale wszyscy znają przecież prawdę, nikt tylko o niej głośno nie mówi. Dlatego przez długi czas wszyscy byli na mnie za to bardzo obrażeni. Nauka na uniwersytecie lotnictwa też nie była lekka. Byłam jedyną dziewczyną na roku. Inni studenci byli ode mnie o wiele młodsi, bo ja już przecież miałam za sobą ładny kawałek służby, byłam w Iraku, byłam w desancie, dostałam taką szkołę życia, że niejeden mężczyzna miał możliwość przez nią przejść. A tu wszyscy studenci od razu po szkole, same dzieci, a ja jedna, starsza od nich o sześć, czy osiem lat. Dowódcy przyzwyczajeni do rozkazywania tym dzieciom i tutaj pojawiam się ja, kobieta. Przychodzi dowódca, mówi: o, mamy w końcu kobiece ręce. Odpowiadam: w twoim oddziale pojawiły się ręce jeszcze jednego żołnierza, a kobiece ręce masz w domu, u swojej żony. Albo przychodzi inny, rozkazuje, żebyś wyprasowała mu koszulę czy spodnie, bo jesteś kobietą. Sam sobie je wyprasuj, kapitanie. I to znowu był szok. Nie jestem taka jak wszyscy, nie można mną dyrygować. Ale cały czas bardzo dobrze się uczyłam, przez pierwsze dwa lata byłam piątkową studentką. I potem, kiedy zaczęłam w końcu latać, miałam te same problemy, bo przecież mam trudny charakter. W wojsku każdy chce cię złamać i postawić w jednym szeregu z innymi. Ja się nie poddawałam, mówiłam, że jestem żołnierzem służby kontraktowej, nie przyszłam tu po to, żeby ktoś mi mówił, o której godzinie mam iść do łóżka. Popatrzcie, mam kontrakt, mam wyznaczone godziny nauki i mam czas wolny, chcę być lotniczką i nie będę myła po was talerzy.

Nie jesteśmy waszymi służącymi. Te talerze bardzo im się nie spodobały i dobrze je sobie zapamiętali. Na początku latałam, ale potem zaczęli mnie ograniczać. Lotnik musi latać, a każdy element szkolenia jest bardzo ważny. Jak to się mówi: lotnik może być oblatany, przelatany i niedolatany, a mnie po prostu zalatali, zaasfaltowali mnie w ziemię. Wszyscy mówili, żebym się uspokoiła, zmieniła zachowanie, przeprosiła i wszystko będzie dobrze. Zdecydowałam, że nikogo nie będę o nic prosiła, no i w końcu mnie wyrzucili.

Wyrzucili cię po dwóch latach studiów.

Zrobili to bardzo szybko, właściwie jednym rozkazem, który trzymali przygotowany w szufladzie. Kiedy mnie wyrzucano, oświadczyłam, że jest to niesprawiedliwe. W rozkazie wyjaśniono, że nie robię postępów w nauce, że jestem złym studentem z samymi dwójami, ale wydano mi dokumenty, w których miałam same piątki i ani jednej czwórki. Pojechałam więc do ministra obrony, do dowódcy wojsk powietrznych, pojechałam do wszystkich. Byłam zdecydowana walczyć do końca. Do ministerstw jednak tak po prostu się nie trafia. Na dworze śnieg z deszczem, zajmujesz kolejkę, czekasz w niej trzy czy cztery dni na ulicy, bo do pomieszczenia nikt cię nie wpuszcza i stoisz. Jeśli odejdziesz – ktoś zajmie twoje miejsce. Pilnujesz listy oczekujących, bo każdy przychodzi ze swoim własnym problemem. Więc mnie nie można przestraszyć chłodem, brudem, głodem czy więzieniem i nie zwracałam uwagi na takie rzeczy o wiele wcześniej, zanim siedziałam w tym strasznym rosyjskim więzieniu. Wchodzisz do tych ministerstw, udowadniasz, że masz rację, po raz kolejny odsyłają cię na badania psychiatryczne, na badania lotnicze i medyczne, jeździsz tam i po trzech miesiącach w końcu cię reaktywują, nakazują przyjęcie na ten sam rok i możesz uczyć się dalej.

Uniwersytet przyjął cię z otwartymi ramionami?

Nie, presja się tylko jeszcze zwiększyła. Najstraszniejsza w życiu człowieka jest utrata wiary w siebie. W desancie człowiek jest hartowany, biją cię, a ty udowadniasz, że nie jesteś dupkiem i zaczynasz wierzyć w siebie. Lotnicy są bardzo wyniośli, a jednocześnie bardzo wrażliwi. I znowu ci mówią, że jesteś idiotką, że nie możesz latać, zaczynają psuć ci starty, lądowania – a oni potrafią to robić

– i w efekcie wyrzucają cię ponownie. To znaczy chcą wyrzucić, ale nie mają do tego prawa, więc przenoszą cię z odrzutowca na lotnictwo transportowe, każą ci uczyć się na nawigatora. Długo nie mogłam się z tym pogodzić, domagałam się latania z niezależnym instruktorem, to dali mi znowu tego samego. Dajcie mi innego, prawdziwego lotnika, niech siądzie ze mną i polatamy, proszę. Dali mi go w końcu, popatrzył, jak latam, powiedział zuch dziewczyna, ale wystawił mi ocenę negatywną. Pytam go, co robi? Powiedział mi: możesz latać, po czym odwrócił się i odszedł. Miał taki rozkaz. Zrozumiałam wówczas, że ten system łamie ludzi i że albo skończę uniwersytet i dalej będę musiała walczyć, albo kończę nawigację. Z nawigatora można było przecież znów wrócić na kurs lotniczy. Dlatego zakończyłam tę nawigację na bombowcu Su-24, jednak dostałam skierowanie na helikoptery. A ja przecież nigdy nie uczyłam się latać helikopterem, jak możecie robić mi takie rzeczy? – Kobiety nie mogą latać odrzutowcami, jest w tej sprawie rozkaz ministra obrony – słyszę. Ten rozkaz został wydany dzień wcześniej, specjalnie dla mnie, bo byłam jedyną kobietą na tym roku.

I tak wylądowałaś w Brodach.

Dostaję skierowanie do Brodów, jadę tam i zaczyna się następny krąg piekła. Znowu zbieram wszystkie dokumenty, znów piszę do wszelkich instancji i w końcu, za rok, dostaję pozwolenie na latanie jako pilot. Dowiaduję się jednocześnie, że rozkaz w mojej sprawie został odwołany, bo był bezprawny. W tym czasie minął rok od czasu, kiedy byłam w Brodach, zdążyłam już nauczyć się helikoptera, zaczęłam nim latać. A samoloty u nas na Ukrainie w ogóle wtedy nie latały, szczególnie Su-24. Startował wówczas może raz na rok i raz w roku lądował. I zrozumiałam, że helikopterem mogę polecieć choćby dwa razy w miesiącu, a samolot nie świeci mi wcale, bo samolotem lata tylko dowódca jednostki i jego zastępca. Cała reszta, pozostali piloci, zbijają na lotnisku bąki. Zostałam na tych helikopterach do czasu, gdy w Kijowie nie rozpoczął się Majdan. W Brodach były straszne nudy, mało lotów, nie mogłam pojechać na misję do Afryki, bo jestem kobietą. Słuchajcie, mówię do nich, przecież ja byłam w Iraku! Ale znowu słyszę: zapłacisz, to pojedziesz. Chciałam jechać do Afryki, do sił ONZ. Dlaczego nasi lotnicy jeżdżą do Afryki? Bo, po pierwsze, mogą tam zarobić, a po drugie, jest to przygotowanie bojowe. W Afryce możesz wylatać sobie godziny, co prawda nie w lotach bojowych, tylko w transportowych, ale zawsze. Są to patrole, bez strzelania, ale możesz przynajmniej praktykować. Na Ukrainie w tym czasie nie było paliwa dla armii, latało się rzadko, dlatego piloci tak chętnie jeździli do Afryki. W Afryce mogli awansować, mogli wylatać odpowiednią liczbę godzin. Na Ukrainie takiej możliwości nie było i nie mogłam zawodowo się rozwijać. Nie mogłam być kapitanem, bo jestem kobietą, nie mogłam zostać dowódcą helikoptera. Dotyczyło to nie tylko mnie. W Brodach była jeszcze jedna kobieta, która wyuczyła się na pilota helikopterów, ale przez całe życie latała jako nawigator. Jej również opowiadano, że nie może pilotować. W ten sposób w naszym lotnictwie wojskowym zabija się kobiety. Żadna kobieta nie została dowódcą. Na dziesięć kobiet tylko jednej zezwolono na start MIG-iem 29. Wystartowała, musiała awaryjnie lądować i powiedzieli jej: przecież mówiliśmy, że baby nie mogą latać odrzutowcami. A to, że kupa lotników miała awaryjne lądowania, to się nie liczy. Synalek jakiegoś generała może zniszczyć dwa samoloty i lata sobie dalej. Ta niesprawiedliwość spotyka cię ciągle, ponieważ jesteś kobietą, a wybierasz sobie tzw. męski zawód, którego nie możesz wykonywać w postsowieckim świecie. Ale mnie to wszystko tylko zahartowało.

Twoja przygoda z wojskiem zakończyła się wraz z wybuchem antyrządowych protestów na Majdanie, na przełomie 2013 i 2014 roku. Dziś twoi przeciwnicy zarzucają ci, że tak naprawdę nie byłaś po stronie protestujących, że broniłaś żołnierzy, którzy stali po stronie rządowej, bo mówiłaś, żeby ludzie nie rzucali w nich butelkami wypełnionymi benzyną...

Tak, rzeczywiście prosiłam, żeby nie rzucać koktajlami Mołotowa, bo demonstranci, młodzi chłopcy, rzucali nimi w milicyjne oddziały specjalne Berkut, a oni stali za daleko i nic do nich nie dolatywało. Te butelki rozbijały się głównie na młodych chłopakach, którzy odbywali służbę zasadniczą w oddziałach MSW. Wiadomo było, że wszyscy chcą już coś robić, że za długo stoją, że napięcie sięga zenitu i trzeba iść do przodu, ale ja rozumiałam, że na władze to nie wpłynie. Dlatego stałam i starałam się powstrzymać przelew krwi tak długo, jak mogłam to zrobić. Potem wydarzenia wymknęły się spod kontroli.

**W ukraińskiej polityce jawnie ci się nie wiedzie. Oskarżana jesteś o zdradę, pojechałaś do Mińska na Białorusi, gdzie spotkałaś się między innymi z człowiekiem, który cię porwał, Ihorem Płotnickim...**

Ja przez całe życie byłam oskarżana o zdradę przez system, w którym żyłam. I kiedy robisz takie rzeczy, na przykład w środowisku teatralnym, gdy grasz i robisz coś zupełnie nowego, to jest to akceptowane i uważany jesteś za człowieka twórczego, bo daje to życie jakimś nowym zjawiskom. Ale kiedy odbywa się to w zwykłym życiu, gdzie najpierw ludziom łamane są kręgosłupy, by uczynić ich identycznymi, to jest już gorzej. Tak jest w milicji, tak wygląda to w armii. Dlaczego armia nie broniła Krymu przed zajęciem go przez Rosję? Bo nie miała rozkazów, bo wciąż na nie oczekiwała. Nazwisko Sawczenko znane było w armii o wiele wcześniej, niż dziś na całej Ukrainie. Wszyscy tam o mnie wiedzieli, krążyły o mnie legendy. Polityka także jest rzeczą, którą widzi cały kraj i cały świat i ona również jest systemem. Albo cię łamie, albo, jeśli się nie poddajesz, ten system cię wydala. Dla normalnych ludzi w polityce nie ma miejsca. Albo się sprzedają, albo do widzenia. A jeśli się nie sprzedają i starają się jakoś w niej przeżyć, to są zabijani, jak Czornowił.

Wiaczesław Czornowił był ukraińskim działaczem niepodległościowym, dysydentem i więźniem politycznym w czasach ZSRR, który zginął w tajemniczym wypadku samochodowym w 1999 roku.

Ale on też robił wszystko nie tak, jak większość polityków. Rozmawiałam niedawno ze znajomym i on mi mówi: Nadia, przychodzisz na urodziny do stuletniego dziadka, składasz mu życzenia, wszystkiego najlepszego, pora umierać. Dziadek wie, że niebawem umrze, ale nie chce tego słyszeć. I tak jest z Ukrainą. Wszyscy wiedzą, że odebrano nam Krym, że straciliśmy Donbas, ale ludzie nie chcą o tym słyszeć. Ludziom w polityce trzeba mówić ładne i przyjemne rzeczy. Nie da się robić tak, żeby mówić ładne rzeczy, a potem robić swoją, naprawdę pozytywną sprawę. Jeśli zaczynasz od kłamstwa, to na kłamstwie kończysz. Człowiek albo jest prawdziwy, albo zakłamany. Dlatego ja tak się nie zachowuję i z tego powodu, oczywiście, wywołuje to takie zdziwienie. Ludzie się do tego nie przyzwyczaili, ludzie nie potrafią samodzielnie myśleć. Gdybym to, co mówię, mówiła podczas Majdanu, byłoby to dla nich do przyjęcia. Ale minęło już trochę czasu, władze znowu zamydliły społeczeństwu oczy swoimi pięknymi hasłami, haftowanymi koszulami ludowymi, wyszywankami i ludzie, widząc coś tak szczerego jak na Majdanie, nie mogą w to uwierzyć. To jednak nic strasznego. To nie oznacza, że ja powinnam się zmienić. To oznacza, że należy zmieniać system.

W czasie twojej kariery politycznej, kilka miesięcy po uwolnieniu z rosyjskiego więzienia, pojechałaś do Rosji. Nie bałaś się?

Nie, nie bałam się. Przecież mówię, że niczego się nie boję. Rozważyłam wszelkie za i przeciw i zrozumiałam, dlaczego powinnam tam jechać. O wyjazd do Rosji poprosiła mnie siostra. W Moskwie odbywała się wówczas rozprawa apelacyjna Mykoły Karpiuka i Stanisława Kłycha, Ukraińców, skazanych przez rosyjskie sądy na wysokie wyroki więzienia za udział w wojnie czeczeńskiej. Jeden dostał dwadzieścia dwa i pół, drugi – dwadzieścia lat kolonii karnej. Wira jeździła na ich procesy jeszcze do Czeczenii i początkowo chciała jechać do Moskwy sama. Rosjanie jednak wszczęli przeciwko niej postępowanie karne. Właśnie za wspieranie tych chłopaków. Mówię: Wira, zrozum, że mogą cię tam zatrzymać, nie ryzykuj, chociaż rozumiałyśmy, że gdyby to zrobili, gdyby ją zatrzymali, to znowu popełniliby ogromne głupstwo. Najpierw sądzili jedną, a teraz drugą siostrę, przecież Rosjanie też nie są samobójcami. Postanowiłam więc, że pojadę sama. Nie miałam niczego do stracenia, bo mogli mnie po prostu nie wpuścić. Po drugie, jeśli na rozprawę przyjedzie polityk, deputowana, to zwróci to o wiele większą uwagę na całą sprawę. Tym bardziej, jeśli będzie to taki polityk jak ja, który odsiedział w Rosji swoje. Miałam po prostu taki obowiązek. Po trzecie, jeżeli znowu mnie tam aresztują – a przecież wcześniej zostałam legalnie zwolniona z więzienia – to znowu będą mieli niepotrzebny skandal, którego zapewne nie potrzebują. Dlatego postanowiłyśmy, że robię to po cichu, bardzo szybko, choć uprzedziłam o tym innych parlamentarzystów. Zachęcałam też, żeby jechali ze mną, ale odmawiali. Nadiu, no co ty, przeciwko mnie są tam prowadzone sprawy, mogą mnie aresztować i jednym słowem wszyscy się odwrócili. Dotarłam do Moskwy bez szumu, nikt nawet nie wiedział, w jaki sposób się tam znalazłam. Ale Rosjanie zrozumieli, że jeśli coś mi tam się stanie, to znowu będzie skandal. Jeśli mnie tam zabiją czy pobiją. Więc służby specjalne zaczęły mnie tam chronić. Ochraniali mnie Rosjanie, którzy mnie wcześniej bezprawnie przetrzymywali w swoich więzieniach! Chodzili za mną krok w krok, śledzili samochodami, żeby tylko nic mi się nie stało. Kiedy jechałam w Moskwie z lotniska, zostałam rozpoznana przez taksówkarza: pani jest Nadią Sawczenko? Tak, nazywam się Sawczenko, straciłam w waszym kraju dwa lata życia. No, wie pani, widać, że jest pani normalnym człowiekiem… A ja do niego: a gdzie byliście przez te dwa lata, co wtedy widzieliście? Kiedy zobaczyły mnie rosyjskie media, rzuciły się na mnie – bo przecież mają takiego newsa – i ci tajniacy chronili mnie przed dziennikarzami. Starali się prowadzać mnie jak VIP-a, przez tylne drzwi, przez inne wyjścia, żeby nie spotkała mnie jakaś przygoda. Byli ze mną aż do samego wylotu z Moskwy. Sytuacja była absolutnie absurdalna. Przymknęli nawet oczy na to, że wywożę z Rosji zakazaną tam literaturę, książki o rosyjskim faszyzmie. Tajniacy wiedzieli, że je mam, że będę chciała przewieźć je przez granicę, ale niczego nie zrobili. Siedzę sobie na lotnisku, cały czas obserwowana przez rosyjskich dziennikarzy i demonstracyjnie czytam sobie te zakazane książki. Któryś z dziennikarzy podszedł nawet do milicjantów, popatrzcie, co ona czyta, zróbcie coś. Milicjanci popatrzyli na mnie, na niego, odwrócili się i sobie poszli. Spokojnie wróciłam sobie na Ukrainę, gdzie jestem traktowana tak, jak jestem. Pomyślałam sobie, że nawet ci, którzy przetrzymywali mnie w Rosji, tak źle mnie nie traktowali.

Widzę, że masz pretensje do Ukraińców.
Czym cię obrażono?

Tutaj, na Ukrainie, ciągle krzyczą, że Sawczenko w Rosji nie głodowała, a tam otwierali oczy ze zdumienia, ile mogę jako człowiek znieść i wytrzymać. W Rosji trzęśli się nade mną, żebym im przypadkiem nie zdechła, a tutaj, kiedy widzą, jak

Ukraina traktuje dziś swoich ludzi, Rosja bije brawo. Kiedy Ukraińcy zaczynają opowiadać, że jestem superproduktem Kremla, to chcę zapytać, na ile ten Kreml jest silny i mądry, że zmusił ukraińskie władze do podskakiwania w takt, narzuconego przez niego rytmu? Czymże jest w takim razie nasza władza? Dla mnie w tej Moskwie najważniejsze było udzielenie wsparcia naszym ludziom. Tak samo było z moim wyjazdem do Mińska, na Białoruś. Zrobię wszystko, żeby uwolnić naszych jeńców. Politycy pięknie mówią i na tym się kończy, to wszystko, a wyników nie ma. Cały rok nie było wymiany zakładników! Pojechałam do Mińska, na Białoruś, rzeczywiście rozmawiałam tam z separatystami z Donbasu. I może to nie moja zasługa, może separatyści oddali nam tych naszych ludzi ot tak, po prostu. Ale dopiero po tym, jak tam pojechałam, zwrócili nam Tarasa Kołodija, cyborga, obrońcę lotniska w Doniecku, którego separatyści przetrzymywali prawie przez dwa lata. Nie przypisuję sobie tego. Jednak im więcej na Ukrainie będzie takiego gówna, tym więcej będzie też ludzi myślących. Ja jestem papierkiem lakmusowym w ukraińskiej polityce, choć kiedyś ktoś powiedział, że jestem w niej asenizatorem. Bardzo chciałabym nim być, jednak asenizator czyści to całe gówno, a ja nie mam sił, żeby to zrobić. Ja na razie mogę tylko to gówno pokazywać, ujawniać, a czyścić będziemy je wszyscy razem.

**Jak planujesz swoją przyszłość polityczną? Wybory do parlamentu, start w kampanii prezydenckiej?**

Wiesz, jeśli zacznę myśleć o tym, czego chcę w polityce i jakie mam ambicje, to przestanę robić to, co należy robić. Ja w ogóle nie myślałam o polityce, ale z jakiejś przyczyny w tę politykę wpadłam. Do tej pory zawsze było tak, że jeśli czegoś bardzo chciałam, droga do tego była bardzo ciężka. Teraz, kiedy w zasadzie tego nie chcę, ta droga prowadzi mnie sama. Nie rozmyślam o tym, czy będę w przyszłości w parlamencie, czy pozostanę w polityce. Dziś staram się przekonać ludzi do tego, że trzeba zmieniać całą strukturę i system władzy. Trzeba zmieniać relacje między ludźmi i władzami. W naszej konstytucji jest zapisane, że naród jest ponad władzą, a zwykły człowiek ponad urzędnikiem. Realia wyglądają tymczasem zupełnie odwrotnie:

to urzędnik kieruje człowiekiem, a władza jest ponad narodem. Dlatego też ludziom należy wbijać do głów, co trzeba robić, żeby Ukraina zaczęła się prawidłowo rozwijać. Nie wiem, jak długo będę w polityce. Pewnie tyle, na ile wystarczy mi sił i życia. Najchętniej poszłabym na emeryturę. Naprawdę mam już tego szczerze dosyć.

Czy w życiu Nadii Sawczenko jest jakieś miejsce na sprawy prywatne, na partnera, na miłość?

Ta miłość nie była mi potrzebna i wcześniej. Gdybym chciała zwykłego, banalnego, kobiecego życia, to wyszłabym sobie za mąż za księcia na białym koniu, urodziłabym dzieci. Kiedyś ktoś zapytał mnie w rosyjskiej niewoli, czy mam kogoś, czy jestem zakochana. Przypomniałam sobie: to pytanie zadał mi jeden ze śledczych podczas przesłuchania, tłumaczył się, że to takie czysto kobiece pytanie. Odparłam mu tak: na to czysto kobiece pytanie odpowiadam po męsku. Biorę sobie tego, kogo chcę, wtedy, kiedy ja tego chcę i na tak długo, jak ja sama chcę. Mam do tego bardzo proste podejście. Ja nie buduję stosunków, one nie są mi potrzebne. Moje życie jest tak wyraźne i pełne, że na taką kotwicę nigdy nie wystarczało mi ani czasu, ani nerwów. Przy takim charakterze jak mój w ten sposób żyje się łatwiej. Ja po prostu nie potrafię kochać. Może jeszcze się kiedyś zakocham, ale dziś, póki serce nie odczuwa takiej potrzeby, nie ma sensu go gwałcić…

Ukraina, Kijów. Nadia Sawczenko wraca z rosyjskiego więzienia do Kijowa. Według rosyjskich i ukraińskich mediów doszło do wymiany ukraińskiej lotniczki na dwóch rosyjskich żołnierzy. (25.05.2016)

Edipresse Polska SA
ul. Wiejska 19
00-480 Warszawa
Dyrektor ds. książek: Iga Rembiszewska
Redaktor kreatywna projektu: Magda Mazur
Produkcja: Klaudia Lis

Marketing i promocja: Renata Bogiel-Mikołajczyk, Beata Gontarska
Digital i projekty specjalne: Katarzyna Domańska
Dystrybucja i sprzedaż: Izabela Łazicka (tel. 22 584 23 51)
Beata Trochonowicz (tel. 22 584 25 73)
Andrzej Kosiński (tel. 22 584 24 43)

EDIPRESSE
KSIĄŻKI

Biuro Obsługi Klienta
www.hitsalonik.pl
mail: bok@edipresse.pl
facebook.com/edipresseksiazki
tel. 22 584 22 22
(pon.–pt. w godz. 8.00–17.00)

Redakcja językowa i korekta: Lidia Ścibek
Projekt okładki, skład i łamanie: Paweł Palikot
Zdjęcie na okładce: Nadia Sawczenko (selfie)
Pozostałe zdjęcia: Ukrafoto/East News (str. 4-5, 222-223),
Sputnik/East News (str. 21, 130-131), AP/East News (str 22-23, 162-163),
Maciej Luczniewski/Reporter (str. 32-33), AFP/East News (str. 50-51, 71),
East News (str. 110-11)

Druk i oprawa: Drukarnia Skleniarz, Kraków

ISBN:978-83-7945-771-7